U0369989

大夏书系
十年经典

学生第二

李希贵 著

上海
著名
商标
市
华东师范大学出版社
ECNUP
全国百佳图书出版单位

目　录

自 序

曾经听过一个叫人笑不起来的笑话，说是在一个参与式校长培训班上，培训的主题是"如何转变教育观念，确立学生中心地位"。一位校长被要求回答一个情境性问题：当一位教师与一名学生发生争执，到校长室去评理的时候，校长该批评老师，还是该批评学生？据说这位校长以不容置疑的口吻说，当然是批评教师，因为，学生是学校的主人。

我无法判断这件事的真实性。但是，我知道，一个时期以来，有不少似是而非的东西确实给我们的许多校长和老师带来了思想上的混乱，以至于使他们战战兢兢地面对着眼花缭乱的"新理念"而迷失了自我。在一些学校里，看起来，他们是在直接服务于学生了，似乎把着眼点也全都放在学生身上了，但是，他们却往往很不理智地抛开了教师。这个笑话，从某种意义上是对我们的一个警示，也引发我们反思：当强调学生主体、学生中心的时候，我们应当把教师放在一个什么位置上？

以上是我发表过的一篇短文《学生第二》开头的两个段落，引用于此，主要是想说明一下本书书名的意思：对一位校长或者教育管理工作者来说，关注学生首先应该从关注教师开始。在管理工作中，我们希望达到的目标与我们需要运用的手段并不是同一件事情。如果我们总是一味地盯着目标而不去思量自己的角色，说不定会闹出南辕北辙的笑话来。

　　本书是一本教育管理随笔，收录的文章大都是近年来发表在各种教育报刊上的文字。我试图以此与朋友们分享一些思考问题与处理事情的思维方式。如果从做教导主任算起，在管理岗位上我也已经有了二十多个春秋，尽管不敢自诩为老将，但毕竟也不能在朝气蓬勃的新兵队伍里装模作样了。随着时间的推移，我越来越清楚的是，如果不做什么事情，就不会有思考，所以，书中的文字与其说是写出来的，倒不如说是做出来的更贴切。没有管理工作的实践，我甚至一句话也写不出来，从这个意义上说，我很庆幸自己能有这样一段人生经历。

　　谢谢能够翻开这本书的朋友们。

第一辑　经营学校文化

创造学校文化

我们不少学校管理者对学校文化建设常常采取放任的态度，以为文化建设不是一朝一夕的事，是几十年自然积淀下来的，一任校长不可能有什么作为。于是，对文化建设的研究在我们许多学校基本上还局限在表层，大部分校长的大部分精力还是更多地放在了易见成效的管理制度建设上。

其实，学校文化是可以创造的。

潍坊一中新校建设被列为市政府十大工程之一，应该说，也是备受市民关注的大事。但我们却没有举行开工典礼或者奠基仪式，而是把省下来的钱建造了一座小型的学生活动中心。有的人不理解，说是标新立异；有些人很遗憾，以为失去了一次令学校风光的机会。只有我们自己最清楚，这是我们新校文化建设的第一步。我们想明明白白地告诉未来的老师和同学们，学校一贯追求的是实实在在的东西，是学生的利益；从新校建设的第一天，这个努力就已经开始了。

如果你留心的话，在制度建设中也是完全可以融入文化建设的，或者说，制度是可以衍生出文化的。我在高密一中工作时，学校为了表示对老教师的尊重，规定对老教师的备课情况不予检查，而是以他们自愿的方式，每学期将备课簿集中到教学资料室存档，专门供青年教师借阅参考。同时规定，学校以借阅率的高低付给他们一定的稿酬。于是，借阅率成了大家非常关注的一个问题。老教师们以高借阅率为荣，精心研究备课，有的在备课中不仅考虑怎么有利于课堂上的教学，甚至还研究怎么有利于青年教师的借阅参考。每一学期下来，教导处统计备课簿借阅率，成了全校教职工瞩目的大事。一个微不足道的小规定，衍生出令人欣喜的深层次文化。人们崇尚的东西变得崇高起来，这是十分令人高兴的事。

学校文化的核心是学校共同的价值观念、价值判断和价值取向。它产生于学校自身，得到全体成员的认同和维护，并随着学校的发展而日益强化，最终成为取之不尽、用之不竭的精神源泉。在学校文化中，师生关系可能是一所学校能够立足的重点。而新型的师生关系却不是靠简单的号召、要求就可以建立的，文化的力量可能更重要。怎样形成这种文化，成为我们的一个着力点。

高密四中有一个每年评选优秀贺卡和学生优秀贺辞的制度。每年元旦前后，对老师们来说，像是过节一样，大家把积攒了一年的贺卡拿出来，小心翼翼地摆到展厅里。工会为此要张罗好长时间，先是组织参观，然后是教师、学生评选。那些感人至深的贺辞更是感动了全校的教师和学生。我发现，每一年的评选都让我们的老师更加明确学生在他们心中的分量，每一次展示都是对师生关系新的提升，都是对老师们教书育人境界的新的升华。说实话，当初第一次组织这一活动只是工会干部一个随意性活动，但是，后来却变为我们的制度，就是因为我们从中看到了它对学校文化建设的作用，它对形成良好的师生关系起到了其他制度起不到的作用。

在我们学校，还有一些在一般人看起来有些奇怪的事情。每年毕业典礼上，给最优秀的学生发放毕业证书的不是校长，而是学校里评选出的学生最爱戴的老师；校史业绩展廊里，最显著的位置挂着的照片不是校长或者"开拓进取的领导班子"们，而是那些为学校的发展作出过创造性贡献、德高望重的人们；工资表上薪水最高的既不是职务最高的，也不是年龄最长的，而是被更多的学生选择为导师的名师……学校长期形成的文化让每个人心中都明确地认识到：正是这样一些赢得了学生也赢得了社会认可的老师们，推动了学校的发展，给了学校生机和活力，他们理应受到学校的尊重！也正是这样一种文化背景，才有可能使学校的发展代代相承。

除了这些，在我们学校，大家十分推崇的还有民主平等的氛围。说到这一点，有两件令大家津津乐道的小事情。

一件是关于我们一位老校长的。那是在1970年代所谓教育"回潮"的时候，老校长的儿子考高中，因为一分之差没有达到我们学校的录取线，而只好去了距家80多公里的另一个县的学校。

还有一件是关于我的。有一年高考，第一次使用代码填写高考录取信息，由于疏忽，有四位学生因为代码填写错误而影响了录取，这在后来延误的一个多月的时间里，给学生、给家长带来了巨大的精神压力。尽管这四位学生后来还是被补录了，但在社会上造成的不良影响还是非常大的，从某种程度上可以说是无法挽回的。客观地说，如果追究起责任来，班主任有责任，教导处有责任，学生本身更有责任。但是，这样一件对学校来说"惊天动地"的大事，校长自然也有不可推卸的责任，于是，在学校的处分通报里，也出现了我这个校长的名字。

重要的是，我们并没有就此结束，而是努力把它变成学校的文化。于是，在我们学校的博物馆里就有了一张老校长儿子被录取到另一所学校的录取通知书复制件，就有了处分校长的通报和校长自责的检讨书。这样一些在一般的学校、一般的场合往往见不到的东西，常常能够吸引大家的目光，引发大家的思考，甚至成为人们饭后茶余的谈资。于是，校园文化便在人们的谈论与思索中凝聚与提升。

经营学校文化

长期在学校工作的人们大都看重学校文化的建设，但很多人却并不在乎学校文化的经营。其实，和许多事情一样，经营与建设同样重要。经营之下的学校文化才有可能增值，也才有可能不断创新并始终成为师生们的精神追求。

把学校文化"股份制"

我做高密一中校长的头几年，正是学校规模急剧扩大的时期，学生不断增加，新员工也越来越多。我们当时统计发现，新近5年加盟学校的员工数竟占到了全体员工的55%，除去职员、工人，只计算教师的话，5年内加盟的新教师竟占到了教师总数的六成多。在这样一个群体里，如何尽快地使人们认同学校文化，并躬行实践，成为我们工作的一个难题。而且我们发现，越是历史悠久的学校，人们往往越是感到学校文化距离自己十分遥远，"与我无关"的心理就越是强烈。于是，怎么把大家认为距离自己很远甚至虚无缥缈的学校文化演绎为每个人生活、事业甚至生命的一部分，对我们是一个严峻的考验。我们把切入点就放在了"股份制"上，也就是"把学校文化'股份制'"。这个道理其实也挺简单，传统的学校文化是前人留下的"集体财产"，尽管它蕴涵着前人的智慧、热忱与依恋，但对今天校园里的人们来说，由于不可能有先辈们刻骨铭心的体验，所以只是听则姑且听之，说则姑且说之。这个"集体财产"与个人关系淡薄，显然与领导者的期望相去甚远。

我们的工作就是在整合、嫁接、提升学校文化的过程中，让大家"入股"，让他们感受到在学校文化的"蛋糕"里，有你的面、有他的油、有我的糖，饱含着你的创造、他的坎坷、我的辛劳。在确立学校育人目标的时候，我们在把过去学校文化中的有关内容展现给大家的同时，希望大家在其中尽自己的智慧，赋予学校目标以新的时代内涵。

记得那一年我们的教代会和学代会是在同一段时间里召开的。从1800多人的手上，我们收到了近3000份提案。把这些提案汇总、讨论，数次反复，已经没有办法统计经过了多少个回合，也没有办法弄清楚哪些内容是出自谁的手。但有一点是大家普遍认同的，那就是最后敲定的结果，全校的每一位师生员工都是它的作者。每一份提案都成为新的学校育人目标形成的重要支撑。历史上留下来的学校的"集体财产"，过去只有校领导们挂在嘴上的那些常常被师生认为是"口号"的有些"空洞"的东西，终于"卖"给了我们学校的每一个人，并成为大家自觉地躬行实践的指南。

后来，我们又以同样的思路搞了一个"给校训找100条理由"的活动，师生们你10条，我8条，最后竟然汇集了几百条之多。我们对这些"理由"认真筛选整理，把内容和作者公之于众，成为学校博物馆的"一级馆藏"；而作为作者的师生们，也理所当然地成为校训真正的"股东"，认同感、归属感、向心力自然也就有了。在这种情况下，校训就不再是一句口号，而是内化为学校每一个人生命成长的动力。

让学校文化"上市"

曾经很奇怪英国伊顿公学的招生办法，本来只是一所中学，孩子到 13 岁才能入学，可学校招生处却要求家长，孩子一生下来就必须报名，否则便不再受理。没到学校访问之前，总感到校方有些故弄玄虚，颇有些不以为然。到英国考察，来到这所国际名校访问后才明白，学校打的是文化战略牌。伊顿的培养目标十分明确，这所曾经走出 17 位英国首相的学校，在大不列颠及北爱尔兰的上空打着一面鲜明的旗帜，就是要倾力培养全英各界的领袖人物，塑造领袖的风范，锻打精英的品格，陶冶绅士的情操，这已经成为伊顿人的追求，而精明的伊顿人竟要把这一切变为伊顿未来学生家长的追求。于是，伊顿文化靠着她"领袖摇篮"的品牌，轻而易举地在全英国甚至全世界"上市"。她的"股民"就是未来的学生家长。那些望子成龙的家长们从孩子一出世就开始"购买"伊顿文化的"股票"，并且用这种文化去"滋养"着自己的孩子，理所当然地成为伊顿公学的兼职导师，为这一文化大车保驾，为这一文化篝火添柴，甚至为这一文化的弘扬而呐喊。从 1 岁到 13 岁，在还没有跨入伊顿的足足 13 年的时间里，伊顿未来的学子们就已经受到伊顿文化的滋养，潜移默化地成长。可见，一旦"上市"的学校文化，远远比在校园里的威力大得多。

我在高密四中的时候，曾在学校大门的两旁赫然写上了"怕苦累莫入此门，图轻松另寻他处"两句话，我们把它叫作学校警言。一个时期里，这两句话便成为高密西乡我们学校招生范围的人们的一个重要话题。我们深深知道，我们的学生来自农村，来自农民的家庭，如果他们连苦累都不敢面对，那么他们不仅不会有一个现实的出路，更不可能有什么灿烂的未来。而这一文化要得到学生的认同，首先要得到社会尤其是家长的认同。于是，利用各种机会，借助各种场合，向西乡的人们出售学校的"苦累文化"，成为我们学校发展的一个重要战略。买到四中苦累文化"股票"的家长们，饭桌旁、床头边，又将之转送给了四中未来的学子。家长喜欢跟孩子们说的一句话常常是："连这点苦累都不能吃，怎么能上四中读书呢？"

所以，每年新生入学之后，同学们进入角色特别快，锻打自我，磨炼意志，追求卓越，很容易地成为同学们的自觉行动。我清楚地记得，有一位小女生，开学带来的第一个笔记本的扉页上写着这样两句话："苦，是我们的弟兄；累，是我们的姐妹。与苦累同行，是我们人生的底色。"当然，四中的文化绝不仅仅是苦累，但有了这样一个文化做基础，同学们的成长便变得顺畅而自然。很明显，仅仅在校园里经营学校文化，远没有把学校文化"上市"来得实惠，对比之下，人们更容易看到"上市"后的巨大效益。

为学校文化创造市场

有两个推销员，来到了同一个荒岛考察鞋子市场。

第一位推销员考察过后十分沮丧地向总部汇报说："这个小岛毫无商机，因为岛上的人都不穿鞋子。"第二位推销员却十分兴奋，向总部汇报说："这个小岛商机无限，因为岛上的人都不穿鞋子，我们可以从引导人们学会穿鞋子开始打开市场。"

果然，数年之后，荒岛上的人们都改变了赤足的习惯，人人都穿起了这家公司制造的鞋子。

同样，在一所学校里，一位校长能不能像那个"从引导人们学会穿鞋子开始"推销鞋子的人那样，为文化找到市场，创造市场，不仅取决于他的眼光，而且还取决于他的胆略、他的智慧。

谁都知道，学校到什么时候都应该是平等、民主的圣地。特别重要的是，平等的师生关系对塑造未来民主社会的合格公民越来越显得举足轻重。可是，我们的老师需要这种文化吗？他们真的希望在这种文化背景下工作吗？千百年来的"一日为师，终身为父"的观念已经在校园里深深地扎根，你怎么才能让大家心悦诚服甚至心旷神怡地穿上这样一双民主、平等的"鞋子"？

记得当时我们高密一中学校文化的"市场开发"是从制度建设开始的。譬如，我们对聘任班主任的制度进行修订，在我们原有的四个级别之外，增加了一个新的级别，叫作"辅导员"。什么样的人才能够成为辅导员呢？我们规定，当一个班级所有工作的最终决定权全部从老师手里转到学生手里去的时候，这个班级的班主任才有可能被聘为辅导员，这是我们对班主任最高水平的奖赏。不民主、不平等，又怎么可能成为这样的班主任呢？于是，我们全力推销的东西变为大家竭力追求的东西，平等、民主、交流、对话、协商成为大家工作之必需。机制最终带来了大家的自觉，从必然王国到自由王国其实不过一步之遥罢了，只是有时我们没有找准路子而已。

让每一个人都感到自己重要

　　玫琳凯化妆品公司的老板玛丽·凯在《掌握人性的管理》一书中满怀深情地告诉读者，管理是一门了不起的艺术，它的最高境界就是让每一个被管理的人都感到自己重要。为了实现自己的管理理想，玛丽·凯买断了凯迪拉克汽车公司中粉红颜色的小汽车，专门配发给销售额达到一定数量的营销人员，让全美国人都清楚，在美国的大地上，驾驶着粉红色凯迪拉克轿车的人，肯定是玛丽·凯公司业绩突出的员工。玛丽·凯说："在我看来，我的员工在胸前挂着一个'我很重要'的标志。这是一个英雄的标志，别人看不到，它却时刻提醒我：每一个人都很重要。"

　　怎么使每一个人都感受到自己的重要，这是管理工作中一个富有意义的挑战，为此，我想了好长时间。后来我才明白，方法并不重要，重要的是用心去做，从心里感激每一位用心工作、用力工作的人。

　　学校图书馆里有一位资历很深的老同志，他在这个岗位上已足足干了30年，而且干得非常出色，老一点的教师都非常尊重他。随着时间的推移，学校里的老教师大都退休了，青年教师成了学校的主体。他们对这位老教师的过去大都知之甚少，把他仅仅当作一位普通的图书管理员看待，他感到有点被冷落，心情变得很不好。于是，他开始带着情绪工作，闷闷不乐地忙碌。有时候，态度自然就显得不够"和蔼可亲"了。终于有一天，有关他服务态度的问题被提到了校长办公会上。由此大家围绕着职员服务态度和教学中心重要性的话题谈了好多，我却想到了玛丽·凯的话。很明显，30年的工作经历和他的一贯表现证明，他并不是不知道学校是以教学为中心的，也不是不清楚他的工作就是服务教学的，问题是他已经感受到了人们对他的轻视。一种感受不到自己重要的情绪笼罩着他的心灵。没有阳光、没有鲜花、没有掌声的生活使他没有办法对别人"和蔼可亲"。

怎么办？只有让他重新找回自己重要的感觉。当时，教师节已近，工会的老师正在考虑庆祝活动。我给他们出了一个主意，把活动的主题定位在"尊重默默无闻的劳动"上，并由此引申出许多活动，其中一项内容就是请全市最好的书法家给30年教龄的老师赠字。工会的老师为那位图书馆的老教师赠的字是"三朝元老"，并请全市最好的装裱师装裱起来，以此来说明他在学校里的独特地位。这件事很快被大家传为佳话。从这个非官方的评价里，大部分青年人都开始了解到这位老教师的经历，知道了他一贯兢兢业业的过去，大家开始换了一种目光看他。他呢，对这个装裱的条幅格外珍重：平时，就把它挂在办公室醒目的位置；放假呢，则把这个条幅拿回家，挂在家中最显眼的地方。他心里开始充满阳光，变得"和蔼可亲"了，因为他已经感到了自己的重要。

还有一件事。在一个学年休业式上，本来安排了两项议程，宣读优秀学生获奖名单和校长讲话，结果，由于时间紧张，只保留了校长讲话，宣读优秀学生获奖名单的议程被主持人省掉了。我追问主持人是怎么回事，主持人说时间太紧张，反正谁获了奖谁自己都清楚，到时候把奖品个别领下去就是了。我回答他，谁获了奖仅仅谁自己清楚是远远不够的，重要的是要让别的人清楚。这个名单不仅要在全校集会的时候宣读，而且还要把它张贴出去。

为什么一定要这样做？因为在我做班主任的时候曾经因为没有在班会上表扬一些同学而挫伤过希望上进的心。有的同学甚至曾经追问过，为什么班级的墙报上始终没有他的名字，而事实上，他远远比一些被表扬的同学表现得还要好。尽管这是他的自我感觉，但这就够了。因为他关心他自己，他希望自己被看重，而这，正是他进步的动力所在。

说实在话，在众多的汉字当中，人们最感兴趣的还是自己的名字。有人曾经做过一个实验，请一些人随便写几个字，结果，有近80%的人写了自己的名字。我敢说，在将近两个小时的休业式上，同学们听得最真切的还是自己的名字，因为听了之后产生的感觉，是别的任何褒奖的形式都不能相比的。

后来，我们的毕业典礼，包括毕业生谢师、导师代表训示、校长颁发毕业证书等几项内容，场面都很隆重，而尤以颁发毕业证一项最为动人。颁发证书时每位同学单独进行，每颁发一位同学，司仪必须同时宣布该同学在校期间所获得的全部荣誉奖励，甚至某一次作业、哪一科竞赛获奖也可以提到。这项议程所用的时间很长，但老师、同学们却始终情绪亢奋，感觉不到冗长。被邀请的家长不少还感动得热泪盈眶，有的甚至不由自主地走到自己孩子的老师面前鞠躬、握手，典礼气氛十分热烈。在这样的气氛中，每个人都受到了尊重，都感到了自己在人们心目中的地位。有了这样一种感觉，还会没有动力和热情？

使人们感到自己重要，有许多方法，请别人提建议或寻求别人的帮助也可以算作一个。美国前总统富兰克林在自传中谈到这样一件事。1736年，富兰克林竞选州议会书记员的位置。富兰克林心中有数：自己获得提名没有问题，惟一的问题是有个影响力很大的人可能反对他。富兰克林懂得，他要争取跟这个人交朋友，否则自己就会输掉。富兰克林在自传中写道："我听说他的书房中有一本珍贵的书，于是给他写信，表示我想读这本书，希望他能帮个忙，把书借给我。"那人对这一要求感到很高兴、很荣幸，于是把那本书借给富兰克林，并且从此成了一名富兰克林的坚定支持者。这听起来有点叫人奇怪，其实很正常，那个有影响力的人并不是执著于什么观点，也不是属于什么派别，他只是想惹人注意罢了。他希望那个竞选书记员的人能看重他。富兰克林让他的目的达到了，他还有什么理由不支持他呢？

因此，在高密四中，我们对每年一次的教职工代表大会特别重视。这是个叫老师们激动的日子，因为学校所有的大事都要在这几天里敲定，而每一个人手里都握有神圣的一票。优秀提案活动是教代会期间特别让人兴奋的，因为这样的提案不仅可以获得奖励，尤其重要的是，这些建议是要付诸实施的。我记得有一年教代会期间，一位老教师的提案是解决学校的贫水问题，他建议在学校的菜地旁打一眼机井。可是钻机在菜地里钻了很长时间都没有出水。那些日子，他一直守在钻机旁不肯离去。出水那天，他竟然像个孩子一样放声哭了。那以后，从热爱水井，到热爱学校，他显得非常执著，因为他从此开始认为他在学校里有了不起的地位。

在教学中推行"满分卷"和"单元清"活动是另一位老教师的优秀提案，在全校推行之后，搞得最有成效的一直是他领导的那个教研组。后来这一活动进一步深化的建议，基本也都出自他的思考。实践证明，几乎每个人都希望自己成为重要人物，正如杜威所言，在"人类所有的冲动中，以'希望成为重要人物'的欲望最为强烈"。在管理中，我们采纳了一个教师的提案，实际上是使他实现了那个"成为重要人物"的愿望。

让每一个人都感到自己重要，有时候不过表现在一些小事上。

拿破仑有个习惯，喜欢在军营中走动，而且他叫得出手下全部军官的名字。当他遇见某个军官时，用他的名字跟他打招呼，谈论这名军官参加过的某场战斗或与其有关的军事调动。他不失时机地询问士兵的家乡、妻子和家庭情况，这使他的下属大吃一惊，他们的统帅竟然对他们的个人情况知道得一清二楚。其实，那是拿破仑精心准备的，他为了做到这一点，每一次都下好多工夫。他并不认为这是什么小事情，相反，他知道赢得下属有多么重要。

在高密一中有一位烧锅炉的老师傅，50多岁了仍独身一人，谁都不知道他为什么独身。但我们几个校长知道，因为他有一段辛酸的经历。学校供应的开水从来都是准时的，大家普遍认为，没有这位老师傅，学校的开水供应几乎是不可想象的。学校设立的"孺子牛"奖，第一个就是颁发给他的，为此他激动得不行。我和几个青年教师一直在他的工作间用午餐，每一个星期他都能喝到青年们给他送的一瓶老白干。那是我们从稿费里挪出钱来买的，他为此而兴奋不已。后来，另一名锅炉工辞职了，他竟然坚持一个人全包了锅炉房的工作，且"决不允许学校再提找锅炉工的事"。你怎么也想不到的是，他之所以能在学校干下去，是因为校长们全都知道他那不寻常的经历，他为此感到自豪。事情就这么简单。

美国一家铁路公司的总裁史密斯说："铁路的成分95%是人，5%是铁。"我们做管理工作的，其实就是研究人的管理，最大限度地让被管理者体验到自己的重要。

松下幸之助《经营人生的智慧》一书中曾讲到这样一件事——

在松下公司，有一天，一家信托株式会社的社员坂口保雄一次又一次地来找松下先生，希望松下能买下他那家公司的一家工厂。松下被他的热诚所感动，破例同意了，但提出一个条件，必须由坂口本人做这家工厂的经营者，就是说，要坂口一同过来。可坂口却一口拒绝，说："松下先生，这是不行的，因为我现在是我服务的公司的社长，要我辞去不干是不行的。"松下感到奇怪："你，刚才还说是社员，怎么又变成社长了？"坂口一脸认真："我的身份当然是社员，但我一向都是以社长的心情去做每一件事。而社长是不能跳槽的。"以这种口气说话的人，的确是了不起的人，他不可能做不好事情，他不可能不叫人感动。在这里，最值得我们思考的是，那家信托公司凭什么使坂口感到自己在公司中有了不起的地位，竟然自以为像社长一样重要，而这正是企业的成功所在。

高密四中收发室有一名退休教师做值班员，他的任务就是接听电话、收发报刊。我们还给了他一个接待家长的额外任务，就是由他代表学校向家长介绍学校的发展规划和教育教学情况。为了使家长们对学校能了解得更准确一些，学校的一些"大政方针"、规划方案，我都要直接告诉他，而且介绍不厌其详，有些与这方面内容有关系的会议也要他参加。他显得非常自豪，有一天他告诉我说："其实，你不在家，我就感到责任十分重大，因为在家长们面前，我相当于校长。"

如果我们的教职员工都以校长的心态去工作，我们还有什么做不好的事情呢！

随心所欲不逾矩

经常坐飞机旅行，所以也就不自觉地琢磨起航空公司的服务质量来。时间久了，才慢慢明白过来，原来，服务质量的高低，并不一定与空姐们笑容的灿烂程度成正比。

有的航空公司规定了很严格的服务程序，按时间、按标准为旅客提供标准化的服务，空姐们笑容可掬地完成着规定动作。可是，如果有哪一位旅客要打破常规，譬如要正在分发报纸的空姐帮他拿走用完的纸杯，换来的却只是空姐笑容满面的"对不起"，因为，收纸杯是下一道程序才能做的事情，旅客只能把这个尴尬的纸杯先拿在手上，等待着下一道服务程序的光临。

有的航空公司则常常不按程序来，只要旅客提出要求，空姐们常常会灵活处理，尽管她们手上正忙活着别的，但只要有旅客提出要求，她就马上会予以满足。分发报纸的时候，完全可以顺便带走你手上不用的纸杯；收拾垃圾的时候，也完全可以给你带来一杯咖啡。她们的服务没有按程序，甚至她们都没有笑得多么灿烂，但她们的服务却让旅客打心底里感到舒服。

仔细想来，两家航空公司，对服务质量有着不同的理解，因而空姐的行为也不尽相同。第一家航空公司的空姐只是为了使自己的行为符合公司的规定，微笑是因为规定，服务也是因为规定，心里始终想着的是公司的规定，就是没有把旅客放在心上。目中无人，服务就不会充满人性，服务质量也就永远不会进入至高境界。第二家航空公司的空姐则以旅客为中心，她们明白自己是为了什么而存在，所以，无论服务多么随意，都显得自然而又贴心，看不出服务有什么程序，但却始终不背离大原则，正如孔子所说的"随心所欲不逾矩"，这样的服务显然较前者高出了一个层次。很明显，在旅客的心里，服务质量并不是以微笑的灿烂程度来评判的，重要的是有没有真正把他们的需求放在心上。

曾经看过一位教师"借分"给不及格学生的故事，故事说，有一位语文成绩不好的学生，在一次语文考试中得了59分，老师借给他1分，给了他一个成功，但同时提出必须在下一次考试时归还10倍的分数。从此，这位同学发奋学习，在下一次考试中竟得了87分，这位同学自此也爱上了语文学习，爱上了语文老师。老师的良苦用心很明显，就是要给后进学生以鼓励，让他们通过找回自信而改变自己。可是，当我们把这个故事推荐给一些学校后，却发现在一些教师手底下，竟因此上演起伤害学生自尊的悲剧，有的教师对"借分"与"还贷"作出了硬性规定，而且对不肯"借分"的学生竟然恶语相加甚至变相体罚。

我们的工作到底是为了什么？为什么要借分？为什么要制定服务程序？甚至，我们为什么要微笑？

做任何事情，如果我们还没有弄清楚这些，没有弄清事情的本质，就很容易做一些表面的文章，热衷于赶时髦，甚至陷入教条主义。翻开《现代汉语词典》，编者在给出"本质"的定义之后，很不放心地告诫我们，"事物的本质是隐蔽的，是通过现象来表现的，不能用简单的直观去认识，必须透过现象掌握本质"。本来，制定服务程序是为了更好地为旅客提供优质的服务，可在一些人的手上，程序却经常成为提供优质服务的障碍；借分是为了让学生找回自信，可在许多校园里，却不知打碎了多少孩子的自尊。

曾经参加过一个课堂教学改革的研讨会，听了一节被称为"落实学生主体地位"的公开课。其实，整堂课只不过是从过去的教师讲变为现在的学生讲罢了。8 个小组的学生代表分别上讲台轮番轰炸，很快，教室里就出现了明显的心不在焉和局促不安。虽说有的学生已经成为课堂的主人了，但还有更多的学生继续处于欲做主人而不能的境地，他们不过从过去做老师的听众，转换为现在做某些学生的听众罢了。因此，教师也好，某一位学生也罢，只要是在同一个起点上搅和全班 50 个脑袋，课堂教学改革就不会有什么特别好的效果。因为，课堂教学改革的本质，说到底，就是要找到每一位同学不同的学习起点，从这个真实的情境开始，让学习成为每一位同学自己的探索。落实学生主体地位是个不错的追求，但切不可把个别学生的主体地位当成了课堂中处于不同基础的同学的全部。

在美国洛杉矶的一所初中考察时，校长曾经向我推荐他们的"表扬孩子的 101 种方法"，第一种方法就是一个"哇"字。校长很认真地告诉我，可别小看一个简单的感叹，在孩子们的眼里，这是老师对他们了不起的嘉奖。可是，我却再也不敢轻易地向人们推荐，因为，我担心重演"画虎不成反类犬"的借分故事，没有对学生的尊重，没有对教育本质的深切理解，一个"哇"字不知"哇"出的是南腔还是北调。

校长要为自己创造机会

在英国伦敦的一所小学访学时，发现那位人高马大、年逾半百的校长竟然能叫出他所遇到的所有学生的名字。交谈起来才知道，全校500多名学生，他不仅全都认识，而且"全部都是朋友"。当我向他请教其中的诀窍时，他笑着说："与学生交朋友，校长要为自己创造机会。我虽然没有授课的任务，但我每天都有一个固定不变的与全校学生接触的时间。"原来，每天向全校学生分发午餐的任务是由他一个人承担的。虽然按照协议这是配餐公司的份内事，但校长却把它演变成自己的职责。因为，他要创造属于自己的机会。

无独有偶，在日本访学期间，曾经住在一位老校长的家里，正巧赶上他所在的学校举行运动会，学生、老师、家长人人参与，而校长也有一个法定的职责，就是为获奖的学生颁奖。尽管奖项之多已经使领奖的学生排起了长队，但校长依然十分虔诚地对待每一位领奖的孩子，而且还很真诚地与孩子们交谈些什么。发奖间隙，他十分认真地告诉我，可别小看这个发奖领奖的机会，也许借此他会交上好多学生朋友。

在澳门讲学期间，我曾经考察过一所小学，发现挂在学校体育馆里的许多图片反映的都是校长向学生发放"红包"的场景。原来，每年农历春节期间，校长要到每一间教室去，向全校1000多名学生逐一发送"红包"。尽管每位学生只能收到两块钱，尽管逐一发送要占掉校长整整一天的时间，但他总是把每年一次与每一位学生的亲密接触，当成自己工作的头等大事。

我有一位学生在油田的一所小学做校长，也曾尝试着在新年到来的时候为学生发放"红包"。一天下来，尽管1000多次的重复很有些单调，但他告诉我，对他和学生来说，每一次都是全新的，每一次都是激动人心的。从学生激动的神情中，从他与每一位学生的对话中，他体验到了全新的意蕴。尤其让他开心的是，因为"红包"里的两元钱而衍生出来许多新的教育机会。不少学生甚至把两元钱的消费与自己心灵的升华联系在一起，演绎出许多动人的成长故事。从发"红包"开始，这位校长不断创造新的机会，每周邀请学生共进午餐，把饭桌也变成师生交流的平台；他还把自己的办公室办成校长图书室，和前来借书的师生形成一种新的分享关系，在平等交流中提高教育与管理的效益。

很明显，这样的机会如果不是校长自己去创造，就会从校长工作的忙乱中溜走；而溜走的机会多了，教育的果实自然也就干瘪了。仔细想来，溜走的已不仅仅是一个机会，更是管理的激情和教育的智慧。当我们漠视这些机会，开始在校园里随遇而安，与世俗随波逐流的时候，真正的教育已经离我们而去了。

我曾经提倡每一所学校都把校长办公室搬到教学楼或师生集中的地方，因为，这样可能会让校长面临更多的机会；我曾经用校长室是不是学生常去的地方来判断和评价学校的管理，因为，越是与学生亲密接触就越能给管理以灵感和机智；我忘不了伦敦那位高大的小学校长得意的眼神，我也忘不了我那位做了校长的学生告诉我在校园里喊他"老师"的孩子越来越多时的自豪。

写到这里，我想到了经济学上的机会成本，任何选择，都是人们特定价值判断带来的结果。能不能为自己创造机会，看上去似乎是一种能力，其实，恐怕有更深层次的原因。你要创造一个新的机会，就必须放弃其他选择所带来的价值，关键是怎么权衡两者可能给你带来的利益。如果你选择了给孩子们分午餐、颁奖品、发红包，你就要失去其他许多可能很诱人的机会。只有当你认为这样的选择没有遗憾的时候，这样的选择才会有动力，这样的机会也才会成就你。

学生第二

曾经听过一个叫人笑不起来的笑话，说是在一个参与式校长培训班上，培训的主题是"如何转变教育观念，确立学生中心地位"。一位校长被要求回答一个情境性问题：当一位教师与一名学生发生争执，到校长室去评理的时候，校长该批评老师，还是该批评学生？据说这位校长以不容置疑的口吻说，当然是批评教师，因为，学生是学校的主人。

我无法判断这件事的真实性。但是，我知道，一个时期以来，有不少似是而非的东西确实给我们的许多校长带来了思想上的混乱，以至于使他们战战兢兢地面对着眼花缭乱的"新理念"而迷失了自我。在一些学校里，看起来，他们是在直接服务于学生了，似乎把着眼点也全都放在学生身上了，但是，他们却往往很不理智地抛开了教师。这个笑话，从某种意义上是对我们的一个警示，也引发我们反思：当强调学生主体、学生中心的时候，我们应当把教师放在一个什么位置上？

教育是塑造人的事业，以学生为本，塑造他们美好的人生，是我们不懈的追求。可是，要知道，这一切都只能通过教师来完成。用幸福才能塑造幸福，用美好才能塑造美好，"亲其师"才能"信其道"。任何关爱都必须经过人的传递才显得真切、动人，谁都没有办法改变这一点。一位教师，在校园里、课堂上，举手投足间，潜移默化地影响着学生，可以春风化雨，也可以"近墨者黑"。学生正是在耳濡目染间长大成人的。可是，长期以来，我们有没有想一想，长年累月生活在学生中间的老师们，他们生活得幸福吗？他们的心情还好吗？他们的脸上还有微笑吗？

我们不妨随意剪辑一组发生在校园里的镜头——

首先是，带着一脸怒气走进教室的数学老师，因为分房子的事，刚刚跟总务主任发生了一场唇枪舌剑的争论。让同学们莫名其妙的是，他一开始并没有按教学进度讲"不等式"，而是讲起了社会的不公。这是他经常提到的一个话题，但今天的火药味远比平时要浓得多。同学们一边听课，一边开始"防御"，生怕把火力招惹到自己身上。尽管大家都变得特别乖，但仍有十几个同学难逃"厄运"。

还有，因为教导处调整了检查作业的标准而影响了化学老师的评分。今天，化学老师没让科代表去办公室拿作业，而是亲自抱来了全班的作业。他一脸阴沉地抽出了一份又一份他平时表扬过的学生的作业，开始了不同寻常的讲评，一直把全班同学的脑袋全都批评到桌子下面。

再看因为小孩发烧而一夜没睡好的英语老师。第一节课刚走进教室，就发现后面坐着几名校领导，他一下子意识到，这是学校正在推行的领导"推门听课"。想不到第一下就轮到自己了。小孩病了，没人知道；家里有事，没人问一句，当领导的专做些乘人之危的事！他也不知道是怎么把课上完的。一直到第二天科代表没交作业，才想起下课的时候忘记布置了，情绪一上来，莫名其妙地直到把科代表训哭了才罢休……

在这样的校园里，空气中弥漫着火药味，大家一个个神经都绷得很紧，教师怎么能有幸福感呢？在没有教师幸福感的校园里，学生还会好到哪里去呢？

把一家小小的旅行社做成世界第三大旅游管理公司，并成为"美国 100 家最适合于工作的公司"的罗森柏斯国际集团老板豪尔，对公司"顾客至上"的说法不以为然。尽管对于员工来说，顾客当然是处于第一的优先位置，但对于公司来说，实际上是通过把精力集中在内部，集中在自己的员工身上而获得成功的。豪尔批评说，有太多的公司把压力、恐惧和沮丧施加给了自己的员工，员工每天晚上把这种感受带回家里，这会引起家庭问题；第二天一早，员工又会把这些问题带到工作岗位上。这种恶性循环非常典型，也非常可怕。

1974 年，当豪尔加入公司的时候，他发现公司在"顾客至上"的旗帜下，几乎把所有的精力都集中在顾客身上而很少关注自己的员工。公司管理层的工作全部围绕着顾客展开，他们甚至忘记了是谁在为顾客服务。豪尔认为，从长期来看，不愉快的人提供的只能是不愉快的服务。最高级别的服务是发自内心的。因此，能够到达员工内心深处的公司就能提供最优质的服务，这也是管理者能为顾客做的最好的事情。豪尔认为，当公司把员工放在第一位的时候，员工就会把顾客放在第一位。同样，当学校把教师放在第一位的时候，教师也会把学生放在第一位。

一位教师，当他的家庭问题、待遇问题、被社会认可的问题等都不成问题了，他们自然就会把所有的精力都放在学生身上。学生中心、学生主体地位是靠教师去实现的。对校长来说，教师就是实现你教育理想的天使，只有当教师从自己的角度出发，觉得应该把学生放在首位的时候，他们才会发自内心地去这样做。想一想我们现在的学校，更多地给教师的是压力。不错，压力就是动力，但是，我们也不能忘了另一句话，"没有压力不行，仅有压力不够"。对一个从事着塑造人这一崇高职业的教师来说，如果他的动力不是来自于热爱，而仅仅是来自于压力，这样的塑造，其结果肯定是十分可怕的。

新一轮课程改革把课程目标从过去的"一维"改为今天的"三维"，从平面变为立体，我们不仅要教给学生知识，培养学生的能力，而且要关注学生的情感、态度和价值观。为此，长期以来被忽略的育人者的情感态度问题，也理应被提到应有的高度。值得庆幸的是，我们现在已有好多学校开始致力于培养教师在学校的"幸福感"，这是教育的理性和管理的智慧。

松下幸之助有一句话，听了着实让人感动。他在为松下公司定位时曾说，松下公司主要是制造人才，兼而制造电器。在这样一家"主要是制造人才"的公司里，还有谁会心有旁骛呢？正是松下幸之助对员工的一片赤诚，才最终把松下公司建成了充满人文关怀的家园。所以，无论从哪一个角度讲，我们今天的学校管理者都应该善待我们的老师。

制度塑造文化

自 1955 年诞生，到发展成为拥有 30000 家分店的跨国公司，麦当劳不过用了 50 年的时间。这样一个发展奇迹得益于麦当劳公司经理人的成长速度。因为，无论公司发展的速度有多快，麦当劳总是预先准备好了新的经理人。于是，人们开始关注、传播甚至效仿麦当劳以培养属下为己任的公司文化。

其实，文化并不是凭空而来的。了解麦当劳的人可能都知道，这种给麦当劳带来发展速度的公司文化，是有强大的制度作保证的。麦当劳规定，无论管理人员多么有才华，工作多么出色，如果他没有预先培养好自己的接替者，那么他在公司里的升迁将不被考虑。由于这关系到每个人的前途和声誉，所以每个人都会尽一切努力培养接班人，并保证为新来的员工提供成长的机会。这项规定作为麦当劳公司的一项重要规则，保证了麦当劳的管理人才不会出现青黄不接的情况。原来，良好的文化，来自于长期以来制度的塑造。

英国的伊顿公学以其校友的团队精神和同学间的情同手足而闻名遐迩，校友间的互帮互助在他们的心目中几乎是天经地义的事情。其实，这样的文化同样是源于学校的制度。在伊顿，对学生的管理主要是一种被称为"大房子"的制度，即无论家庭背景，不管年龄种族，学生一入校门，就以 50 名同学为一组，住到一幢家一样的大房子里，和一名德高望重、被称为宿舍长的教师全家一起，组成一个新的大家庭。他们一同读书学习，一同做饭用餐，甚至可以在他们的宿舍长老师家里——也就是他们的"爸爸妈妈"家里打牌聊天。在这所学校里，还有一个重要的制度，即每到周末，每位教师要带着10名学生到自己家聊天。从下午开始，可以一直到深夜，中间做什么事情，完全由老师、同学一同商量。在这样一些制度下，产生亲如兄弟、情同手足的伊顿亲情，也就是自然而然的事情了。

1990年代中期，以学生为中心的观念席卷校园。当时，我正在高密一中做校长，也试图改变一些传统的学校文化，结果，费了好大的劲，就是不见效果。后来才明白过来，不在制度上动刀动枪，单凭理论灌输、观念更新，是不能从根本上改变文化的。于是，大家集思广益，摒弃了一些有悖学生主体地位落实的镣铐和枷锁，学校里的阳光竟变得灿烂了许多。我记得关于班主任的聘任级别，我们在原来的一级、二级、三级和导师级之上，新增加了一个更高的级别——辅导员，这是我们对班主任老师最高水平的认定。那么，什么样的班主任可以被聘为辅导员呢？我们规定，只有这个班里所有事情的最终决定权都从老师手里转到学生手里的时候，这个班级的班主任才有可能被聘为辅导员。有了这样的制度，以学生为中心的校园文化就不可能建立不起来。

其实，现实生活中常常发生一些制度与文化南辕北辙的笑话。有一段时间，网上曾经对中秋节的放假问题讨论得如火如荼，尽管人们在措辞上可能有些咄咄逼人，但仔细想一想，大家讲的还是有些道理的。我们从古至今一直引以为自豪的就是我们的传统文化，我们的敬老爱幼，我们的重视亲情、友情，我们的家庭观念，可是，却因为老一辈人给我们留下来的中秋"团圆节"在法定假日中没有名分，而破了多少人的团圆梦想！一个劳动节可以放七天，一个国庆节可以休一周，为什么不可以把这些时间挪给那些希望在中秋团圆之夜拜见父母会见亲朋的人们一些？而香港、台湾、东南亚却无不把中秋节甚至清明节都定为了他们的法定节日，且均有固定的假期。美国也以法律的形式规定了感恩、圣诞这些传统节日的假日安排。一个小小的放假制度，时间久了，也必然会反过来影响到一个民族的文化。当有一天我们慨叹世风日下的时候，但愿不要再吃错了"壮骨"的"钙片"。

曾经到某地的一所示范性高中考察，主人告诉我们，学校有悠久的办学历史和传统文化。教师在学校里的个性成长早已蔚成风气，由此也产生了一大批骨干名师和很有影响的教改成果。敬佩之余，却发现他们正在制定的校本教研制度，基本堵死了教师个性成长的道路：统一的计划，统一的地点，统一的备课方式，统一的阅读书目，就连填写的表格也是不分学科，不论年级，全部是一个模式下来。我不知道出台这样的制度，能不能让教师个性张扬的传统得到很好地传承。

你提倡的是什么？你希望塑造的文化是什么？你的制度又是什么？当我们面临这些抉择的时候，当认真思量才是。

学校机制建设要立足班级生活质量

我刚接任校长的时候，一位老领导曾告诉我说，一所学校，只要班级乱不了，学校也就不会有大问题。于是，我把班主任工作紧紧地抓在手上，一日常规考核、每周综合评价、按月兑现奖惩，用老师们的话说，就是把班主任折腾得"死去活来"。学校倒是不乱了，表面上学生蛮守规矩的，可班级生活质量每况愈下，师生关系高度紧张。在一次"我最爱戴的老师"评选活动中，一半以上做班主任的老师纷纷落马。我开始困惑起来。

后来，我发现，在学校制定的十几项乃至几十项扣分项目的"关照"下，学生一个个在校园里如履薄冰。学校给班主任的压力，在班主任的手里已经变为"压力的平方"压到了学生的头上。迟到一次扣2分，学校是不问理由的，因为学校没有更多的精力去弄清楚理由。于是班主任也就不分青红皂白，尽管班主任知道学生可能有一个正当的理由，但仍然恶语相加。把学校办得像监狱一样，这是我们的悲哀。

大会小会上，我开始和老师们讲道理，希望老师们不要和学生太计较，可是没有效果。我私下里问一些老师，他们反唇相讥地告诉我，要老师不与学生计较，学校首先不要与老师们计较。一句话噎得我缓不过气来，我不得不承认这句话的分量。

静下心来想一想，问题的根子竟然都在学校管理者的身上。我们的确和班主任太计较了，班级的每一项检查评比，都要周通报、月汇总，张贴得人人皆知，大事小事都要和原本就微不足道的班主任补贴挂钩。换位思考一下，我们给老师的压力太大了，于是他们只好把这个压力再施加到学生身上。斤斤计较、睚眦必报、相互猜忌的师生关系代替了宽容、和谐与健康向上的班级生活，只看眼前、不问长远的班级建设的短期行为，只重治标、不重治本的顾此失彼的工作方式，都在班级管理中被发挥得淋漓尽致。

班级是学校机体的细胞，是学生实现成长和社会化的重要基地，提高班级生活质量，为学生营造充满成长气息的精神家园，应该成为学校工作的重要任务。但我们在研究学校管理制度、学校发展规划等方面时，考虑班级生活的时候太少。如果一位校长，不是站在班级建设的角度来思考校风建设、研究学校管理，而是就校风而抓校风，就管理而抓管理，那就会有问题，而且很可能要有大问题。事实上，从班级建设的小局着眼，才能最终搞好校风建设的大局。

我开始思考怎么与我们已经习以为常的管理机制告别，不再和老师们在狭隘的小圈子里计较，于是我们实行了班主任职务聘任制，把班主任的级别分为五个档次，每年进行一次聘任。对班主任工作的评价，以模糊代替了"精确"。虽然照常要关注学生迟到、早退、校服不整这些管理工作中不可回避的小事，但不再以此和老师们日清月结地"算账"，而是让它成为学校、老师以及同学们的参考。提高班级生活质量、建设良好校风、为学生创造充满成长气息的精神家园成为我们衡量班主任工作的首要条件。而班主任在学生中间的威信，则是我们考查的最重要的一项指标。

这样一来，班主任开始变得宽容起来，他们不再和学生斤斤计较，他们的思考也显得更加深邃、更加长远，他们从盯着学生一天的一举一动中走出来，努力关注学生的发展潜能；从急躁、喜怒无常中走出来，变得大度、宽容、自信。机制的变化，带来了可喜的局面。

任何一位校长都希望塑造一个好的校风，都在考虑用一个什么好的机制来保证校风的形成，但这个机制必须首先有利于班风建设。先有班风，再有校风；立足班风建设，才会有良好校风的形成。因此，学校机制建设首先要立足于班级生活质量的提高。

第二辑　打自己鲜明的旗帜

有所不为有所为

　　台湾著名漫画家蔡志忠先生有一个收藏佛像的爱好，他的这个爱好很有些与众不同。

　　他在决定收藏佛像之前，就立志做一个不同一般的收藏家。所以，他没有像一般人那样把木刻的、石雕的、泥塑的佛像一起收藏，而是选择了只收藏铜佛像，其他的一律放弃。表面看来，只收藏铜佛像，很难和什么佛像都收藏的人相比；和其他什么古董都收藏、琳琅满室的人比起来，好像更加单调、贫乏。但是，很快，事实证明了蔡先生选择的正确。他只花了一年的时间，就收藏了1000多尊铜佛，到现在已收藏了2011尊，特别是所收藏的中国宋元明清的佛像，已具世界一流水平了。而很多人收藏古董，花十几年、几十年，有的甚至花了一辈子的时间也没有搞出这么大的名堂。这就得益于蔡先生的"舍"。他敢于舍弃其他，才使他的金钱、心力发挥了最大的边际效益。如果他没有作这种舍与取的选择，而是见猎心喜，漫无目标地收藏，那么各种收藏一定都只是一些皮毛，他也难以成为世界级的收藏家。

　　而一般人只学会了取，却没学会舍，于是便取得很有限，取得不多不精。那些表面看起来什么东西都抓在手里的人，由于他两手抓满了很多不见得那么需要的东西，因此在碰到他真正喜欢或需要的东西时，他不是茫然不觉而错失机会，就是心有余而力不足，根本就没有多余的手去掌握了。

联合利华前首席执行官佛罗里斯·梅尔杰斯说，在每个方面都杰出不是一个可行的目标——滴水能穿石，只因为它永远打击一点。

一个人要懂得自己不需要什么。

1995 年，我们高密一中集中了很大的力量进行课程体系的完善。校本课程的开发，选修课、活动课的设置，需要添置大量的教学器械，从社会上聘请特长教师也花费不小。但没有办法，在我们看来，这是必需的开支，因为它直接影响着我们的育人目标，我们必须这样做。而在当时，和我们处于同一个层次的学校，基本上都被评定为省级规范化学校，而我们和省级规范化学校的硬件条件差距却非常大。譬如说，体育馆就是评定省级规范化学校所必备的硬件之一。如果把我们用在课程建设上的钱挤掉，也差不多可以建一个体育馆了。而用在课程建设上的那些花销对评定省级规范化学校来说，恰恰又不顶指标。但我们还是没有那样做，因为，我们的近期目标和远期目标都不是仅仅评一个省级规范化学校。尽管我们学校到现在还没有体育馆，但学生能在装备优良的自修楼、探究室、网络中心、多媒体演播室学习，能够在各种选修课、活动课中成长，这是我们最大的收益。这样一来，我们培养出了一大批出类拔萃的学生，省教育厅也因此以免检的方式破格确定我们学校为省级规范化学校，同时确定为省素质教育实验学校。

所以，敢于在一些地方认输，不是真的输了，说到底还是为了赢。有所不为，是为了大有作为。

后来我们以高密一中为依托新建了一所分校，又是在建筑投资的问题上出现了争议。投同样的资金，既可以建一个游泳馆，也可以建起一个体育馆加一个 300 米的塑胶跑道。如果建一个体育馆和一个塑胶跑道，学校就可以顺利通过国家级示范学校的初审，而游泳馆在国家级示范校的验收中是没有要求的。孰重孰轻？没用怎么思考，我们还是放弃了又一个可能使我们头戴光环的机会，用这部分资金建起了全市仅有的游泳馆。在整个市区，近3万名中小学生没有学习游泳的场所，一个个都是"旱鸭子"，他们在国际化的背景下如何在"地球村"生活？高密没有大江大川，可说不定你要到江河纵横的地方闯天下。从高密走出去的是不是复合型人才？有没有自我保护能力？从这个角度看，游泳馆比起一块示范学校的牌子来，就显得重要多了。

到现在，高密一中依然没有漂亮的大门，没有行政办公楼……我们没有的东西真是太多了。但我们知道，这些都不是我们最需要的东西。

1999年，IT冲击校园，网络背景下的人才培养成为新世纪的重要课题。这时候，对一中来说，尽快地建设数字校园，让教师、学生在网络背景下工作、学习，显得特别迫切，特别重要。也恰在这个时候，我们学校成为省中学生运动会承办单位的候选学校之一，这应该说是难得的机会。当时学校的操场不达标，没有塑胶跑道成了申办运动会的"瓶颈"。孰重孰轻，何去何从，权衡利弊，我们选择了"有所不为"，忍痛割爱，放弃了建造塑胶跑道的想法，也放弃了承办运动会的好机会。这样做尽管使宣传学校的机会与我们失之交臂，但我们却用腾出的资金搞起了一个有500多个终端的千兆校园网，实现了校园数字化，每位教师都拥有一台电脑，每间教室都配备了液晶投影仪、实物投影仪，教学信息化水平日益提高。网络背景下的教学给了我们教师和学生太多的收益，这不是一个中学生运动会所能代替的。

高校保送生名额一直是一些重点中学下力气争取的。有些业内的好心人也常常劝我们，高密一中发展到今天这个程度，在大学里也有些影响了，如果做一做保送生的事，一般没什么问题，保证可以送走一大批学生，但我们一直没有投入精力去做。因为我们知道，有了保送生名额，固然可以使一部分学生有一个比较好的出路，被保送的学生和家长们高兴，但由此带来的负面效应也不能小看。你要赚便宜你就必须付出代价。后来的事实证明，社会上一些不健康的东西一旦渗入校园，一个校长是无能为力的。

后来，我到了高密教委工作，一直没有在各个高中学校举办高考复读班。一开始，校长们并不理解，各个县都搞，惟独我们听话，逞什么英雄？再说，这也直接影响着各个高中的升学率。但是，我想，牺牲一点复读班的升学率，却能使各个高中维护了较好的教学秩序。因为，一旦放开让各个高中举办高考复读班，为了争夺生源，各个学校必然要把最好的师资全"押"在复读班上，从而造成不必要的人才资源的浪费，而高一、高二往往又会因为没有足够的骨干教师而使基础教学受到极大影响。再说，学校间由于生源的缘故争得面红耳赤，不仅丢尽了校长、老师的面子，而且在学生面前也失掉了不少教育的力量。

细想起来，丢是丢了一些，可也得到了一些也许更重要的东西。

打自己鲜明的旗帜

前面提到我在高密四中做校长的时候，曾在学校的大门口两边写上了这样的话："怕苦累莫入此门，图轻松另寻他处。"我们把它称为学校警言。

这成了当地的一个热门话题。因为在当时，大部分学校门口都是挂着"团结、勤奋、拼搏、进取"一类的东西，突然冒出这样一个"生面孔"，人们都感到特别新鲜。于是就招来了一些议论。

其实我们并没有标新立异的意思，主要是希望旗帜更加鲜明一些。四中地处偏远的农村，学生家长都是靠吃苦耐劳持家的，他们饱尝创业的艰辛，深知生活的艰难，所以他们也普遍希望自己的孩子将来能保留下这陪伴他们一生的品格，以应对将来未知生活的挑战。不怕苦累，对农民的孩子来说几乎是第一位的。我们把这样一个警言提出来，就十分容易得到家长的认可。后来的事实也证明了这一点。

学生是带着吃苦的念头跨入校门的。当地小学、初中的老师们已经给孩子们打足了预防针，家长更是借题发挥。但事实上，当学生来到学校就逐渐明白了，学校对这句话的解释与社会上的理解出入还是比较大的。"不怕苦累"是我们立足培养的精神，而校园生活还是要遵循中学生的生理与心理规律：既紧张有序，又生动活泼。同学们对这样的生活大都十分适应，甚至非常满意。原因很简单，学校实际的生活比他们想象的要宽松愉悦得多。我们的若干事情都是在这样一面旗帜下进行的。学习效率的提高，意志品格的锤炼，未来人生的准备……在这面旗帜下，一切都显得自然而然，几乎没有什么障碍。

在世界著名的美国西点军校里，有一句振聋发聩的话："你们现在不是人。"有人说，这话太过分了。是的，如果你看字面意思，你可以给这句话找出一千条毛病，但西点军校的学员们却从这句话中获益匪浅。因为这是一面旗帜，既然是旗帜，就应当个性鲜明，应当与众不同。在这面旗帜下，个人的东西被最大限度地压缩甚至"打包"，一切个人的自由都要有一个前提。"一切行动听指挥，军令如山倒"，是我们的军规。"你们现在不是人"，则是西点军校的教官们提示走进校门的人，把美国人崇尚得要命的自由也好、民主也罢，先暂时搁一搁，而要用一些共同的东西来铸造战火里的灵魂，锻打硝烟中的品格。其实，在这面旗帜下，教官们也并没有真的把学员当作野兽，学员们更没有野性发作。

高密市康成中学的校魂是"每位孩子都是好的"。有人抠字眼说，不是有少年犯吗？他们也是好孩子吗？显然不能作这样的解释。其实，学校的意思非常明显，就是要我们的老师和家长不要放弃任何一个孩子，要尽最大可能教育培养好每一个孩子。再说，"人之初，性本善"，孩子在成长过程中即使走一点弯路，有一些过失，也是可以原谅的。正是基于这一点，在教师中，我们主张把孩子们成长中所犯的错误，称为"美丽的错误"。

高密第二实验小学一进门，迎面是"让每一个学生都获得成功"。有人说，你能做到吗？100％的孩子都能成功吗？校长说，这是我们的理念，更是老师们的追求，而尤其重要的是，我们怎么看待成功，用什么尺子去衡量成功。比如，对一个基础好的学生来说，考试得了100分是成功，而对一个基础很差的学生来说，得了60分也是成功。

你写了一篇好文章是成功，他唱红了一支歌也是成功。成功其实是相对而言，关键是怎么去理解它。

鲜明的旗帜往往有争议，但你不要介意。因为，正如芭芭拉·格罗根所言，"这世界爱唱反调的人真是太多了，他们随时随地都可能列举出千条理由，说你的理想不可能实现。你一定要坚定立场，相信自己的能力，努力实现自己的理想"。

有个故事大家可能耳熟能详，说的是父子俩赶着驴子去集市的故事。起初父亲骑驴，儿子走路。路人看见他们，就说："真狠心哪！一个强壮的汉子坐在驴背上，那可怜的小家伙却要步行。"于是父亲下来，儿子上去。可是人们又说："真不孝顺哪！父亲走路，儿子骑驴。"于是父子两人一齐骑上去。这时又有路人说："真残忍呀！两个人骑在那可怜的驴背上。"于是两个都下来走路。可路人又说："真愚蠢呀！这两个人步行，那只壮实的驴子却没有东西驮。"他们最后到集市上时整整迟到了一天。何故？原来无所适从的父子俩只好一起抬着那头驴子来到了集市！

怎么骑驴子都可以到集市上去，我想，关于这一点是没有什么固定答案的，但千万不要抬着驴子去。做校长的经常遇到一些甚至是完全相反的叫你两难的"忠言"，你不能说这些"忠言"没道理，但你仍然可以不去做，因为并不是所有有道理的东西我们都可以去实践。重要的是要有自己的主见、自己的思想，打着自己的旗帜一路走下去，不要像那"抬着驴子"的父子。

联合国大厦前的一百多面国旗，每一面都充满个性、与众不同。很明显，旗帜要鲜明，首先要有自己的个性，要让它成为你自己的。不然就谈不上鲜明，也就没有感召力。

高密四中确立"永不屈服"的校训时，开始也有不同的声音。有人觉得"永不屈服"有点压抑，有人则感到有点拗口，希望改为"不屈不挠"或者"愈挫愈奋"。可大部分老师不同意，理由也有许多。我记得比较集中的理由就是，"永不屈服"与学校的现状相吻合，而且，似乎还没有什么学校把它当作自己的旗帜，我们用起来，新鲜带劲。于是，在教代会上，校训就这样保留了下来。

事实上，这个校训包含了许多层意思：学校所处的不利区位；面临重重困难时我们应有的态度；对学生心理素质的要求……这里面当然有不屈不挠、愈挫愈奋的意思，甚至还包括我们面对国家尚未强大的现实，对学生所进行的爱国主义教育。这些丰富的内涵都在这一面旗帜下愈加鲜明、生动。同学们在这样一面旗帜下接受教育的时候，显得格外激动，也比较容易受到感染。走出校门的学生在给我的信中几乎百分之百都要提到这个给他们终身激励的校训，有的甚至都在部队当首长了，还用这样一个校训去"武装"他的士兵们，据说也同样取得了不错的效果。

后来我到高密一中做校长，和大家一起酝酿，确立的校徽是一个"鹰爪鸽"。同学们很满意，因为大部分人都是或者用鹰、或者用鸽做他们的"图腾"，用得太多太俗，我们把鹰和鸽"嫁接"在一起，就产生了一个全新的形象。一方面，她的主体是一只祥和的鸽子，这表明了我们教育的终极目标要培养追求和平与幸福的人，拼搏、竞争都是过程，而幸福才是我们的归宿。另一方面，和平与幸福是等不来的，所以，校徽借用了鹰的爪子，借此告诉大家，要赢得幸福与和平，必须要像鹰一样地搏击。这样一个与众不同的校徽给大家留下了深刻的印象，同学们也就比较容易地接受了其中的思想。

关于成功，人们有许多种解释，但有一种解释却值得我们认真品味：成功就是与众不同。你要想有一个与众不同的成功，那就先从你自己的这面旗子开始。

进行没有"压力"的改革

　　这些年来，常常有些好心人或者媒体的记者喜欢与我谈起一个话题，就是关于改革的压力。在他们看来，我从在高密四中主持学校工作以来，可以说一路是靠改革推动工作的，有些改革诸如人事制度、分配制度改革力度不可谓不大，这里面的酸甜苦辣自然是人们普遍关心的。从媒体那里，我们经常会了解到一些改革者由于改革而带来的悲壮，许多时候甚至是以牺牲友情、亲情或者爱情为代价，改革者不是被描绘成铮铮铁骨的"硬汉子"，就是顶着天大压力而呼号奔走的"铁娘子"。说实在话，每每看到这些，给我带来最多的往往不是感动，而是思索。

　　是的，我们需要改革，我也一直在探索改革，推动改革。但我一直认为，改革，不应该是一个人的"作品"，而应该是改革主体共同的事业。改革者应该有"大船"意识，其中既要有"艄公不努力，耽误一船人"的紧迫感，更应该有"万人划船唱大风"的团队文化。如果说改革有压力的话，那么，这个压力应该转化为这个团队每一个人的动力。一个领导者最重要的责任是把这个压力锻打、升华，变为集体拼搏的进行曲、团队聚会的狂欢歌、个体成长的壮骨粉。

　　1991年，做校长的第二年，我到京城的一些改革名校学习学校内部体制改革的经验，一些好心的校长提醒我，"四制"改革只能搞

"三制"，"教师聘任制"只可"打雷"，不可"下雨"。校长们无一例外的理由是，校长担不起这个压力。

带着善意的提醒回到学校，却发现"好心"解不开学校的"结"，"善意"解不了学校的"围"。"四制"改革只搞"三制"，没有了"教师聘任制"，其他的"三制"其实也就成了摆设。

校长是人不是神，我也一样。如果进行这个改革真的有常人承受不了的压力，那么，我也不希望去进行这样一个令人生畏的改革。

于是，我开始思考，怎么把改革变为大家共同的事业，使之成为每一个人成长的平台，使绝大多数人能够认同、理解，进而全力参与。为此，我们工作的第一步就是为改革定位，把改革的目标定位在教师的成长上。你怎么才能成为学生喜欢的老师？你如何成就你的成长计划？学校需要为你提供什么？你应该有自己的哪一些付出？于是，全校教师把这一连串的问号变成了叹号：需要个体的努力！需要规章的约束！更需要制度的改革！我记得，一位老教师讲的那个著名的沸水煮青蛙的实验唤醒了大家，"不甘平庸"因此成为改革的前奏。这样一来，改革也就有了比较坚实的群众基础，即使在改革的过程中出现些问题，一般也不会被简单地归结为校长的"罪恶"。健康的压力虽然也是压力，但却没有了通常人们所惧怕的内涵。

第二步其实也是十分自然的事情，就是把改革交到大家的手上。改革不是校长手上的魔杖，更不是令人生畏的魔瓶。有了第一步，第二步就显得水到渠成，从改革方案的起草到通过，从岗位的设定到工作的选择，尽管各自还是站在不同的角度，尽管还是有争论，但一想到那个令人振奋的目标，大家的意见就十分自然地得到了统一。即使是有一些无法统一的东西，校长也没有必要去"一锤定音"，暂时把它放起来有何不可？

当然，改革的策略往往也是决定改革成败的关键。譬如前面提到的聘任制，我们与一般学校做法不同的是重心下移。我们叫作分层聘任、双向选择，把聘任的权力交给中层部门。在校长聘任了中层干部之后，由中层部门与全体教职员工进行双向选择，中层部门可以在规定的编制之内自主选择中意的员工，事权和人权得到了统一。而每一个教职员工都可以填报几个志愿，选择适合自己的岗位，同时也是选择适合自己的主管。双向选择的过程，是自己衡量自己、衡量别人的过程，同时也是自己被别人衡量的过程，掂来掂去，自己与别人的分量越来越明确，往往会成为日后提升自己的动力。

这样一来，校长的权力是小了，但却有了更多的精力去思考该思考的事情。因为，校长面前不再有纷繁的矛盾。有人曾经问我，这样做是不是矛盾下移，把矛盾推到中层干部身上了？我说，这不叫矛盾下移，这叫矛盾消化。因为，有些事情往往就是这样：在你的手上是矛盾，在别人手上就不是矛盾或者就没有了矛盾。分层聘任与双向选择体现的正是这个道理。校长一个人面对全校几百个教职员工，聘谁不聘谁确实难以权衡。这么大一个队伍不仅你难以了解，即使你了如指掌，公平如镜，毕竟落聘者明明白白是在你的手里落聘的，矛盾无疑还是集中在你的身上。而分层聘任，四五个中层部门供每一个员工选择，员工自己又可以填报几个志愿，这样一个机制下如果你还是落聘，就不是哪一个部门的原因，而是你自己的原因，你向谁去"大声疾呼"，为什么所有的部门都不聘我？从我们的实践来看，一般来说，落聘者从自身找原因的还是比较多。

压力还是有压力，不过压力的"生态"显得平衡了许多，它不再是校长一个人的事情，而是团队进步的动力。从字面上看，压力还是那个压力，但却有完全不同的内涵。

把规章制度降低到最低限度

在美国哥伦比亚大学做访问学者期间，曾经到过该校的道奇健身中心，给我留下深刻印象的不是里面那些人性化的健身设施，而是健身中心的一纸说明。其中谈到规章制度的时候，有这样一句话："我们是有一些规章制度，但我们会将规章制度降低到最低限度。"看过之后，颇有些好奇。在美国时间长了，才慢慢明白了其中的道理。

在西方，许多人认为，"政府是个不能没有的坏东西"：没有它，社会就没有秩序，人类就玩不转；有了它，如果过于强势，势必会给经济和社会发展带来太多的羁绊。难怪哥伦比亚教育学院在学院的宣传画册中介绍自己的著名校友、美国"9·11"调查委员会主席卡耐时，也没忘了说上卡耐的特点："他信任的是一个管得少的政府。"可见，只有能管得少且管得好，才更有可能成为公众喜欢的政府。

经常听一些学校在介绍自己业绩的时候，拿制定了多少规章制度说事，似乎制度的多少与管理水平的高低成正比例。其实，大量事实却告诉我们，制度多了，说不定反倒成了束缚生产力的枷锁。

我在高密一中做校长的时候，因为大家同心协力，学校做出了一些业绩，在外面也有了一点小小的名声，于是，有关专家、外地教育同行来学校参观考察的一时间络绎不绝。这时候，领导提醒我们，一中并不仅仅代表一中，甚至也不仅仅代表教育，她是全市的窗口。怎么擦亮这个窗口？一个直接的办法就是整顿学校的环境卫生，先给客人留下好的第一印象。于是，我们把原来一天检查一次环境卫生改为一天检查四次。表面上看，学校的面貌焕然一新，可同学们的一肚子苦水却无处倾诉。终于有一天，我收到一位学生的来信，信中历数这些不考虑学生感受的制度给他们带来的"灾难"。在他看来，制度越多，他们越是不得安宁，他不明白的是，制度到底是干什么的。学校又为什么要制定这样一些不近人情的规章制度？

一封平常的学生来信，让我如梦方醒。

我想起了摩托罗拉公司关于制度建设的一个故事。在东亚，摩托罗拉的工程师每月可以有2000美元的住房津贴；同时，他们的制度规定，津贴必须花在房子的租赁上，目的是让他们住在附近的社区，过得舒服一点、体面一点。但是，有一天，公司主管因为有急事找一位高级工程师，却发现他住在远郊的一个简易的工棚里，而用省下的钱来接济他的弟弟上学。公司的第一反应就是解雇这位工程师，因为他违反了公司的制度，滥用津贴。经过激烈地争论和认真地反思，大多数人认为，他是把钱用在了刀刃上。最终，摩托罗拉还是修改了制度而留下了这位工程师。

别小看这件看上去似乎无足轻重的事情，事实上，它在摩托罗拉公司的发展史上具有划时代的意义，因为，它教育了摩托罗拉的高层管理人员，让他们反思：制度到底是为了什么？

据《北京日报》报道，2004年湖南一位农民段永忠，为圆昔日大学梦想，在他58岁的时候，来到北师大中文系做了一名旁听生。因为，在26年前，政策限制已婚者参加高考，致使他拿到手的北师大的入学通知书成为一张废纸。年近花甲的他，看到高考报名不再有年龄和婚否的限制，又重新萌发了上大学的念头，他"就像一头饥饿的牛刚刚寻找到一处草地"，希望吃进去足够的青草，以便将来到祖国西部从教而挤出更多的奶来。是谁导演了这样的人生悲喜剧？是制度，是一些叫人莫名其妙而又堂而皇之的规章制度。

曾经在网上遭遇一位中学生网友，他为炎热的天气里学校仍然要求学生穿着厚厚的校服参加升旗仪式而苦恼。学校希望以此创造一道靓丽的升旗"风景线"，因为，只有校服齐整，才可能显得严肃、壮观、整齐划一。可是，这位中学生却认为，穿什么样的衣服并不重要，关键是同学们是否以真诚的心态来参与这个仪式。

其实，一般的学校大概还不至于迂腐到把穿衣服与教育效果生拉硬扯到一起的程度。只是，许多做了管理者的人似乎已经养成了一种习惯，不为被管理者设置一点什么条条框框，似乎管理就没有了缰绳，也没有了管理者的威严。至于这样的制度到底是不是有用，是不是受人欢迎，那就另当别论了。

有位管理咨询公司的老板认为当前的管理文化已经进入了一个规章制度从完善走向简约的时代，在新时代的办公大楼里，人们将崇尚"无时钟文化"。尽管我们并不完全同意他的判断和描述，但是，有一点可以肯定，规章制度不是包治百病的灵丹妙药，在这个崇尚自由、追求个性张扬的时代，我们还要寻求更加重要的东西。

把简单的事情天天做好

还是在高密四中当校长时，也算有了一些成绩，于是，不断地有一些到四中参观考察的人们，总是喜欢提出一个问题：四中的"真经"到底是什么？

我实在想不出什么"真经"，但有一点我还是蛮有体会的，就是"把简单的事情天天做好"。

一位教育同行听了，若有所思地叫了出来："噢，那就不简单！"

的确，什么是不简单？把简单的事情天天做好，就是不简单。

看病号，是个简单的事情，但只要是教师或者家属病了，我肯定要来到他们的床前。我没有因为任何理由耽误过一次。出差、开会、放假，也包括我自己生病时，我仍然坚持这样做，这愈加使老师们感动。

听了课就要评课，是个很简单的事情。大部分人听完也就完了，但我始终坚持听了课一定要评课。这不是我给老师们立的规矩，而是我给我自己立的规矩。慢慢地，也就成了全校的规矩，教研的效益自然也就提高了不少。多少年了，到现在我始终坚持着这样一个习惯。

把班级黑板报上学生习作中的精彩的句子抄下来，向同学们推荐，并点评文章好在哪里。这也不是一件难事，难的是坚持做下去。正是坚持这样做，才有不少学生因此热爱学习，热爱学校，最终走向了成功。

每年春节给教职工的家属发一张慰问卡，是个简单的事情。但我们简单事情复杂做，一年一个新花样，挖空心思地让家属赏心悦目。一张小小的卡片，带去的是温馨，是爱心，同样也是送卡人独运的匠心。人们很容易发现，这里面没有敷衍，只有真诚。

学校晚上要点亮的灯总共是330多盏，哪一盏灯要在什么时间打开，又在什么时间关掉，哪一盏必须亮一个通宵，谁负责哪一盏，能天天坚持，这就是不简单。

一位来四中参观的教师课间在阳台随手丢了一个纸团，立即就被一名学生捡走了；一位上级检查团的领导不相信这里的学生具有那样强的责任心，课外活动时间在教室里有意打开了日光灯的开关，结果马上就走过来一名学生将开关关上。

……

在我们学校，有一句说起来似乎有点拗口的话，就是"在什么时间干什么事，在什么地方干什么事，干什么事就要干好什么事"。应该说，这不算什么难题，更不是什么了不起的要求，但细想起来，要真正做到，特别是要天天做到，处处做到，还真是不简单。

既不重复别人，也不重复自己

1995 年暑期，组织上安排我到高密一中担任校长。

当时的一中有点人心涣散，老师们对学校的前景信心不足。在这样一个状况下让我这个三十几岁的年轻人去担此重任，据说，一个重要的理由是认为我是个"铁腕儿"人物，领导们似乎希望用一用这些"刚性的东西"，包括他们认为的我在高密四中的"大刀阔斧"和"敢作敢为"。

尽管我已经有了在四中 3 年副校长、5 年校长的经历，但，对于主持一中工作来说，似乎这些都不能成为足以让社会各界放心的理由。于是，业内业外的人们都以不同的心态关注着一中的每一点变化。有些好心人后来才告诉我，当时大家议论最多的就是，四中的那一套拿到一中行吗？一个农村学校的成功，在多大程度上能为这所全市最高学府提供借鉴和动力？

在四中当校长，尽管我还年轻，但在学校我却是"老资格"。我已经在四中工作了 10 年，不说对学校的一草一木都了如指掌，即使是论校龄，也没有多少人比我更长。还有，四中的骨干教师大都是我的朋友，我们是一起成长起来的，大家心里想的是什么，我还是比较清楚的。即使是有些小的失误，老师们也会马上反映到我的面前，甚至他们可以在校长室里和我争吵，与我辩论，表面的"铁腕儿"有着一个非常民主的基础。

在一中，就完全不同了。从踏入校门的第一天起，我就与老师们有了一条"看不见的战线"，对于这点，我还是十分清楚的。分析一中与四中更多的不同，成为我踏入一中校园之后的"第一项修炼"。

我记得比较清楚的是，1995年，正是从企业管理中的"厂长负责制"延伸出的"校长负责制"在校园里被复制得如火如荼的时候，整合权力、显示权力在好多校园里"生机勃勃"。我隐隐地感觉到，如果我也顺着这条路子走下去，一中不可能走得太远。在一个社会逐步走向民主、平等的大潮里，在一个社会呼唤人性化的大背景下，学校有责任锻造未来公民民主、平等的灵魂。而在过分强调长官意志、让权力随意倘佯的校园里，怎么可能塑造出代表未来发展方向的公民？

于是，"建设民主的校园"成为1995年一中的主题词。

我们开的第一个会是学校教职工代表大会。尽管老师们还并不十分熟悉和习惯这种民主，尽管拘谨和不自然还是明显地弥漫在会场上，但会下的兴奋、激动使我们感受到了老师们对民主的渴求。

我们出台的第一个文件就是《教职工聘任和工资分配方案》。两个星期的教代会期间，各方代表最为关注的也是这个方案，因为这是一个利益再分配的改革。不同的立场最终统一到学校大局的立场上，"大船意识"统一起了划船的号子。有了民主，也就有了让步，有了妥协；一旦给了大家充分的民主，集中也就显得特别有力量。

在教代会上，我们同时还出台了一个限制干部权力膨胀的文件。其中规定，如果有一定数量的代表联名，教代会即可以进入罢免校长的程序，而中层干部的任命则必须有80%以上的教职工代表的信任投票，否则，就要自动辞职。学校的年度财务预算必须由教代会通过，而月度财务预算则要经过民主理财小组审查。当然，我也没有像一些人那样把太多的权力揣到自己的口袋里，甚至连那些最基本的权力都没要，包括财务签批权。因为我有更重要的事要做。

其实，对于学校来说，更重要的应该是把民主还给学生，打造一个民主校园。从学生"十大自我锻造工程"，到教学关系大讨论；从无人监场考试，到班主任职责的重新界定……有了民主，也就有了同学们的热情，有了同学们的自由呼吸和主动发展。

现在谈起高密一中的成功，大家往往要说起好多像高密四中一样的改革"新举措"。其实，细细追究，一中成功的起点就是一个"民主"罢了……

2001 年 5 月，正当我在高密市教委把分层管理、重心下移、放权给下属搞得游刃有余的时候，一纸调令又把我调到了我的上级教育主管部门——潍坊市教育局——担任局长。很明显，对我来说，这又是一次重大的考验。说实话，我已经习惯了尽可能少地使用权力、尽可能少地管理具体事务，发挥属下的主动精神和创造能力早已经成为我工作方式的一个品牌。但是，在这样一个全新的工作岗位上，我不敢重复自己。我知道，我必须在管理的过程中尽快进入角色，尽快熟悉情况，尽快了解每一位同事和部属的特长、个性和工作特点。正确的决策来自于你对手下资源的调度、整合，不了解这些，你的决策就会面临危险。于是，层级分明的机关里，我第一次推行扁平式管理，我开始与每一位科长、每一位科员打交道。在两年的时间里，我的工作变得"琐屑"而又"庸俗"起来，但我的工作基础却在这些平凡的过程中变得更加科学、扎实。我又找到了一个不会有太多失误的工作状态。

不重复自己，需要可贵的自省，而不重复别人，则更需要自信。

当然，如果说有什么是可以重复的，那么，实事求是的思维方法，可能算是一个；向规律靠拢的工作态度，也可以算一个。

第三辑　在校园里创造市场

借水行舟

到2002年，我所在的潍坊市，学校信息化的硬件建设告一段落，全市计算机拥有量已达12万台，每10名学生即拥有一台计算机。校园网建设更是突飞猛进，所有的高中、初中和完全小学全部建成了校园网。

接下来，我们遇到的最大的问题是校园网的使用，即怎么让教学资源在校园里有效地流动起来，让它走近老师、走向学生。2003年，我们把校园网教育资源的流量作为对县区、学校督导评估的指标之一，试图以此解决这个问题。

这样一来，难为了教育督导室的评估团，因为他们整个团队没有人能够担负起评估网络信息流量的重任。

其实，重任也不算太重，只是没人懂得罢了。于是，他们提出，能不能调一些懂行的人到督导室工作。

增加了新的工作，就一定要增加新的人员；有什么样的工作，就一定要有什么样的专业人员。在过去，这是天经地义的，可是，在今天，我们就不能如此安排了。

当时，我们正在进行几个学校的规划建设。在讨论学校规划建设时，大家慢慢明白过来：盖大楼我们不是也不懂吗？可我们也没有把懂建筑的人调到学校里来呀！向懂行的人招标不就行了嘛！

向社会购买！向计算机公司招标！谁能给我们测定清楚就用谁。

这一招还真管用。

2004 年，学校安全工作监管越来越成为我们工作的一个难题。往往查安全的刚到学校，陪同的基层干部早就等在了那里。有时候，两个人的检查小组要跟上十几个甚至二十几个陪同人员，你还能查出什么问题？

"微服私访"吧，可机关的干部就那么几个，基层的人谁不认识？你前脚到，人家后脚也就跟了上来。

有没有更好的办法？

我们想到了社会的力量。让新闻界的人员参与，让他们去发现问题，然后，我们来购买问题。

记者们采录下的安全隐患真叫我们触目惊心，一百多个问题点，直叫收看录像的教育干部脸上冒汗。

2005 年，大家又想起了大学生社会实践活动。何不让大学生们回到自己的家乡去寻找校舍的安全隐患呢？这样做，既让他们了解社会，同时也相当于让他们勤工俭学，向他们购买岂不是一举多得？

尝到了购买智力的甜头，大家连日常需要开好多会研究的事情也打起了购买的主意。2003 年，我们开展"向成功开刀"活动，要求搞出一个"学校走向衰败的 30 个征兆"。如果按传统的办法，就必须经过几个回合的讨论、研究，即使这样搞出的东西往往在角度上也有问题，自己看自己，毕竟是"身在此山中"，难识真面目。这样搞出来的东西不仅成本不低，而且价值并不见得有多高。

向社会招标！让不同的人参与其中，从不同的视角发现问题，以不同的思维方式研究解决问题的办法，一个挺有新意的方案就这样出台了。

慢慢地，大家又把这一解决问题的思路引申到解决一些老大难事情上。成立"教育硕士流动工作站"，帮助学校提升教学与管理水平，就是其中一例。

在我们的教研工作中，在学校的教学与管理工作中，长期存在着浮浅而不系统的问题。许多学校在实践的层面做了若干事情，但真的要总结一下，或者自己学校举一反三、巩固提高，或者总结升华在较大范围内推广，往往显得非常困难。不仅一所学校做起来有困难，就是教育行政部门与教研部门也常常感到力不从心。"教育硕士流动工作站"的组建，就能在一定程度上帮助解决这样一些问题。进"站"的学生都是原来在学校工作过一段时间的教师，因为读教育硕士，他们又回到师范大学比较系统地学习了大量的教育理论，实践基础之上的学习思考使他们有了大量的感悟。所以，当他们在流动站里开始工作时，实际上就把学校里经常发生的问题当成了他们研究的方向，也成了他们硕士论文写作的主题。研究分析问题的过程也是形成研究方向的过程，论文写作的过程就是形成解决问题思路的过程。这样一来，在学校层面许多长期得不到关注、没办法解决的老大难问题，慢慢进入了大家的视野，逐步成为他们研究解决的重点。

成立市级虚拟教育科学研究所，也是借水行舟的一个方法。有些事情不是一所学校能够完成的，教育行政部门或者教研部门也无力包打天下。因而我们就以一所学校为基地，以一位骨干校长为"所长"，以双向选择、自愿组合的方式成立了一些虚拟的教育科学研究所。由他们自己立足实际，确定研究方向，解决工作中的实际问题。对他们的研究成果，我们则定期评审，每年奖励一次。这些虚拟的研究所虽然平时没有补助，但每年一次的奖励，其实就是改变了方式的补贴，也能够为他们的科研提供一些保障。研究出的成果，我们再通过"燎原奖"的形式输送到全市的各类学校。这样一来，到底是谁借了谁的水，谁又行了谁的舟，有时候还真是说不清道不明，但有一点是很清楚的，就是大家付出的成本降低了，得到的实惠也更多了。

无中生有

作为一名管理者，要实现自己心中的目标，当然需要资源的支持。但是，如果等到什么资源都有了你才能开始做事情，那你肯定不会成为一名优秀的管理者。没有资源，你能创造资源，就像人们说的，可以无中生有，那才叫不同凡响。

到美国纽约一所著名的高中访问时，曾经很为学校仅有一座大楼而没有学生运动场所而困惑。可是，当我们与孩子们交谈起来的时候才知道，学校早已把旁边社区的一个体育馆"据为己有"。校长与社区商定，管理、经营体育馆的任务由同学们包揽下来。这样，既省去了社区每年雇工的费用，又解决了学校体育运动资源不足的问题。白天孩子们最需要体育馆的时间，往往是社区的人们无暇光顾的时段；到晚上孩子们已经放学回家了，社区的人们才开始穿上运动装，涌向体育馆。这样一来，学校不仅有了学生活动的场所，同时也把管理、经营体育馆变成了一门新的学校课程。据说，选修这门课程的学生还要排队挨号呢。

应澳门青年暨教育局邀请，我曾经访问过许多所澳门的学校。虽然按我们的办学标准，澳门几乎没有一家学校可以达标，但是，看过之后，我们又不得不承认，每一所学校在资源的利用上，都可谓化腐朽为神奇，其无中生有的功夫，真正叫人们拍案称道：没有教学资料室的，他们可以把校长的办公室办成老师们的教学资料室，教师们去资料室查阅资料的同时，还可以带给校长一些自己的收获或者困惑；没有足够多的图书供学生阅读，他们就在师生中每月搞一次"好书交换"活动，把每位教师、同学的藏书公布在学校的网站上，供大家互换分享；在校园的路口，画上斑马线，装上红绿灯，交通安全教育变得既简单又生动；在狭小的校园里，随地画满供孩子们做游戏用的图案，体育锻炼不一定非要那么大的空间；他们也缺教师，各种课程却开设得丰富多彩，因为任何一所学校都有或多或少的兼职教师，有的不过每周来为艺术爱好者们拉一次提琴，有的仅仅每月来指导孩子们排练一出歌剧……总之，社会大舞台上的任何一个角色，都可以为学校所用。

其实，所谓无中生有之"无"，并不是真"无"，只是许多时候这些资源并不在我们的视野之内罢了，需要我们把思路打开一些，把眼界放宽一点，到更大的领域里去寻找。如果有谁能更多地寻找到自己需要的资源，谁就拥有了成为一名优秀管理者的本钱。

对于时间资源的管理，同样也可以无中生有。在机关工作的朋友往往因为没有时间读书、思考而苦恼。年年春夏秋冬，天天忙忙碌碌，10 年、20 年过去，常常是回首万事空，像是什么也没干一样。于是，我们常常希望等有时间了再去充电。可是，等来等去，年复一年，黑发换白发，也没等来空闲的时间。其实，想想看，时间是永远也等不来的，只能靠自己无中生有。在局机关，我们曾经实施了一个"深度思考两小时"的活动，使大家每天有了两个小时的学习与思考的时间。具体说来，就是从一天的工作时间中拿出两个小时，譬如上午的 9:30 到 10:30，下午的 3:00 到 4:00。这两段时间里，机关内部同事之间，互相不打扰，既不开会，也不串门，甚至连打电话也尽可能地避免。除了外来人员需要接待，外线电话需要接听，大部分都是自己或读书、或思考、或写作的时间。一年下来，大家总结经验，发现事情并没有少做，只是每天凭空多出可以用来充电的两个小时。

过去，我自己常常苦恼的是没有时间锻炼身体，白天忙工作，自然是没有时间；晚上还想读读书写点文章，当然也没有工夫。从哪里找时间？还是从上下班路上找时间吧。于是，步行上班，步行下班，关掉电话想一想该想的事情，一天一个小时的时间就这样出来了。而且，这个时间特别有把握，几乎没有谁去挤占你的这段时间。苦恼了多少年的事情，就这样解决了。说起来，还是无中生有的思维方式帮了我的大忙。

寻找力量

什么是管理者？尽管不同的人可能有不同的理解，但是，大部分人还是比较认同这样一个说法：管理者，就是动员他人实现自己想法的人。

不论干什么事情，如果仅仅靠自己的力量，那最多只能够干成你能力所及的事情，你有更大的目标，你就必须学会向上下左右来寻找一些支持你的力量。你如果能够动员他人实现你自己的想法，这才是一个真正的管理者。

又问，什么是管理？管理就是组织才华和塑造才华。当我们把身边人的才华甚至我们领导的才华组织起来，为我所用，实现我们自己想法的时候，我们才是高明的管理者。虽然我们还没有达到一个非常高的境界，但我们正尝试着这样做。

首先是培养党政兴奋点，让党政部门愿意办教育，希望办好教育。如果仅仅靠我们教育内部的人，是没有办法实现我们的教育理想的，必须把它放在一个特定的大目标、大背景下，借助党政领导的力量来实现。譬如，为了促进县区的教育工作，我们与市委组织部联合下发了《关于将县区教育工作纳入对党政领导干部考核内容的意见》。根据这个意见，我们每一个年度都要对各县区的教育工作情况进行督导评估，将教育经费、教师工资、生均公用经费等指标全面核查、汇总。对于核查、汇总结果，我们并不满足于和组织部下发一个文件，而是在更大范围内寻找力量。我们发现，《潍坊日报》在全市是普及率最高的媒介，于是，我们就把每年督导的结果，分县区、分项目在《潍坊日报》上全面公布。这样一来，每个县区的教育工作情况基本上做到了家喻户晓。有个县的教育局长告诉我，督导公报刚公布的第一个月里，县委书记就找他三次，专门研究教育工作，不断地和他讨论：有什么措施可以解决公报中的问题，明年怎么做才会有一个好成绩。可见，教育工作开始成为领导的兴奋点了。有一位县长和我开玩笑说，过去作政府工作报告，涉及教育的内容，岁岁年年"老三篇"，无非就是"把教育放在优先发展的战略地位，加大了教育投入，提高了教师地位"云云，现在教育督导公报一登报，他们再准备政府报告，还真得斟酌再三，搞不好台下的人民代表会鼓倒掌的。看上去他像是说的玩笑话，其实，仔细想想，还真是那么回事。每年的财政投入与百姓见面了，你还在台上胡吹乱侃，不是自找难看吗？

这样说来，我们不仅借助了媒体的力量，连人民代表的力量也找来发展教育了。

还有一个问题，就是如何调动全社会的力量，为教育的发展创造良好的环境。说实话，围绕教育发展的环境，从中央到各级党委政府对各部门各行业都有明确的要求，文件下了不少，规定也有很多，什么财政、公安、规划、建设，对教育这个需要全社会关心的事业，应该各负其责。可真正得到落实的却并不多。究其原因，就是没有一个机制去监管。在充分调查研究的基础上，我们从省人大通过的教育督导条例里找到了依据，让我们的教育督导室担负起"同级督政"的责任。财政局的教育投入，公安局的学校周边环境治理，卫生防疫部门的食堂卫生监管，这些长期处于无人过问状态的工作都受到了教育督导室的监督。教育督导室虽然设在教育行政部门，但真正认真起来，其实是人民政府的督导部门，它本身就有权力对各部门"指手划脚"，正像有人说的，它是一个可大可小可虚可实的"衙门"。条分缕析各部门的职能与责任，把模糊的弄得清楚一些，把笼统的细化起来，于是，每年对各部门在有关教育方面的责任予以督导，并向全社会公布结果，成为督导室法定的任务。这样一来，我们推动教育工作又有了一股新的力量。

在校园里创造市场

一提起市场，人们往往就想到市场经济，想到鸡鸭鱼肉，想到推销经营。在一般人看来，市场与教育特别是与学校似乎没有多大干系。于是，面对长期以来累积下来的一些老大难问题，我们往往既束手无策，也从没有想到用一用市场这只"无形的手"。

其实，如果我们真的能够在教育系统、在学校创造出一些市场来，或者是用一用市场这只"无形的手"来解决一些我们长期以来难以解决的问题，往往会收到意想不到的效果。

我做校长的时候，曾为学校维修工人的管理而苦恼。一方面，几千人的学校，需要维修的物品比比皆是；另一方面，维修工人却坐在办公室里无动于衷。最初，我们只是想办法加强师生与维修人员的沟通，如设立维修联系箱、校内120，以便让维修人员能够以最快的时间掌握需要维修的信息。开始的时候也收到了一些效果，但时间长了，还是旧病复发，桌子上的维修报告并不能激发他们的工作热情。后来，随着学校人事制度的改革，维修人员的分配制度改革也被提上了议事日程。于是，我们想到了市场，如何在学校内部创造一个市场，成为我们思考问题、解决问题的立足点。首先，我们根据校产的新旧程度，将校产划分为一定的等级，把维修经费全部包干到班级和部门，并且规定，节余部分留作该部门、班级的自主活动经费。然后，我们把维修人员的工资分为基础工资、工作量工资和业绩工资，后两部分工资完全靠维修人员自己去"寻找"，到班级、到部门、到校园的各个角落，去发现自己的"工作量"，发现自己的"工作业绩"，其实，说到底，也是去发现自己的"工资"。从那以后，校园里，开始出现了叫人们感到有点新鲜的讨价还价：班主任，有时候是班干部，经常为维修一扇窗户的价钱与维修工人"斤斤计较"；维修工作完成了，又可以发现他们在为维修人员"签单"之前，总是忘不了验收维修的质量；维修工人把被服务部门签过字的单子交到财务处，就可以领到对应的工资。当然，一位维修人员，如果仍然坐在办公室里按兵不动，那么他的工作量工资和业绩工资就只能是"零"。这样一来，维修工人再也坐不住了，他们不停地在学校里转悠，发现有谁的物品坏了，显得比主人还要着急；而学生、老师们呢，也变得格外呵护身边的校产。这一切，都不是在原来的机制下能够看得到的。

还有一个就是对校医的管理。如何既尊重校医的工作性质，又落实学生中心地位，方便学生就医，过去也是我们备感头疼的事情。在学校工作的人都清楚，除了紧急病号，绝大多数学生就医常常是在课前课后，如果学生上课了，校医才上班，学生刚放学，校医也下班，那学生是很难见到校医的。可是，在作息时间上，如果我们过分地要求校医早出晚归，于情于理都不合适，怎么办？于是，我们首先改变了对校医工作量和工作业绩评价的方式，除了一般工作任务和服务态度之外，我们主要是以校医接诊的数量作为评价其工作的重要指标，也就是说，为师生服务的次数成为衡量其工作业绩的指标。然后，我们又把安排作息时间的权利交给了校医自己，由他们根据自己的家庭情况和为师生服务的实际需要，制定各不相同的作息时间。于是，我们看到了许多过去不曾看到的景象：有的校医提前一两个小时来到学校，因为他家里没事，还因为他有早起的习惯；有的校医避开师生的就餐时间，自己提前到食堂里用餐，然后，拿出吃饭的时间让师生就诊……这一切全是他们自发的行为。这就是市场"无形的手"在起作用。这样，过去一些喊在嘴上的诸如"以学生为本"的口号，也在这只"手"底下变为了现实。

在大部分学校里，日常的考试命题其实也隐含着潜在的管理危机。每到期中期末，命题审题常常被几个学科权威承包甚或垄断了。不管人的素质有多好，觉悟有多高，一旦某一件事情非他莫属，责任心、压力感就必然大打折扣，不仅质量难保，说不定还会生出许多是非来。怎么打破这种状态？我们还是想到了市场。

我们先是在学校的信息中心建立了一个题库系统，任何一位教师都可以在任意时间为任意一个章节、单元命题，而所命题目能否进入这个题库系统，则要经过一个评审委员会评审，只有质量达到一定标准才有资格编入这个题库。这就为每一位教师参与命题工作建立了一个公平的机制，为他们展示自己的才能搭建了一个平台，也可以说是打破了命题审题的垄断状态。然后，选题用题环节又是对命题审题一个无声的鉴定，同样储存在题库里的题目，哪一些题目更多地被选题者所提取，本身就是对命题质量的检验。通过对这些信息的整理汇总，便可得出对命题者、评审者的评估结果，而这一结果，同时又成为我们聘任一定职级教师的依据。因为，在我们的教师聘任方案里，要想被聘为骨干教师，就必须在命题、审题方面达到一定的水平，教师命题、审题的动力其实很大程度上是来自于这里。一个看不见的市场，造就了许多个看得见的高质高效的"试场"。

后来，我到了教育行政部门工作，我发现教师培训是人们关注的热点。一方面，教育行政部门忙里忙外，不得安宁，研究培训内容，设计培训方案，邀请培训专家，组织培训人员。另一方面，校长、教师们却并不买账，他们希望得到的，教育行政部门却没有组织；而正在组织的，却往往和他们的需要若即若离。后来，还是市场运作的方式帮助了我们。我们对教育行政部门在培训中的职能重新定位，把自己设定为全市培训市场的"老板"，制定了培训机构的设置标准，实施了培训机构准入制度，邀请全国的培训机构来潍坊竞标，让四家中标机构参与全市的教师培训。中标的培训机构每个学期都必须向全市教育系统公布他们的培训菜单，让每一所学校、每一位教师自主选择培训内容，只有达到一定数量的培训者选择了的内容，才能够存活下来。而四家培训机构又各显神通，给培训市场带来了前所未有的活力。这样，培训机构在组合培训菜单的时候，就不再是坐在办公室里拍脑袋，而是进行大量的调查研究，许多校长、教师竟成为他们的"高级顾问"，新课程背景下要求培训工作"基于学校、基于教师"的理念也在这样一个市场背景下得到了较好的落实。

新课程背景下的学校管理随想

新的义务教育课程实施已经两年了，课程在学校教育中处于核心地位，课程的变革，应该是学校最重要的变革。两年了，这个变革给学校管理机制带来了什么冲击？给学校管理者带来了哪些思索？

造就一个选择的校园

在新的基础教育课程理念中，"面向全体学生"得到了前所未有的强调，"促进每一位学生的身心健康发展、满足每一位学生终身发展的需要"成为新一轮课程改革最重要的价值取向。然而，具体到一个校园里，有什么办法可以使学校真正做到面向每一位学生、关注每一位学生的成长？我想，造就一个选择的校园，让选择在"市场教育"中成为一只无形的手，可能是解决这一问题的良方。

让学生自主选层，走班上课。改革教学组织形式，打破大一统的班级授课制，在一些学科中实施以走班制为主要形式的分层次教学，让学生自主地选择不同的层次、不同的班级走班上课，这可能是使我们的教学有可能面向每一位学生的有效途径。我们的教育已经开始强调尊重学生不同的生活经验，允许不同的学生有不同的成长方式。可是在传统的教学管理体制中，不一样的学生，在同一个班级里，学一样的内容，做一样的练习，考一样的试题，我们怎么面向每一位学生？只有最大限度地尊重个体，才有可能真正面向全体，这已经很难在传统的教学组织形式下得以落实。笔者曾经在一所初中学校的三个年级六个学科进行了走班制的教改实验，我高兴地看到，在自主选择的课堂里，学生身上充溢着高度的自信心和强烈的责任感，这说明有了选择才有了属于他自己的起点，有了选择才有了动力，有了选择也就有了责任。

对教师来说，学生的走班则带来现实的压力。在学生的选择面前，新型的师生关系开始形成，调整教学关系成为老师们全新的课题。

破解"转班"难题。我们的不少家长常常慨叹：转班为何比转学还难。毋庸讳言，在我们大部分学校里，到现在还恪守着一个不变的规矩："你可以转学，但不能转班。"为什么？一是怕教师难堪，班里的学生不时地转走，对教师是一个很大的刺激。可这个刺激可能给教师带来什么呢，应该带给他的是自我反思。不要怕教师难堪，因为，难堪过后会新生出一个全新的教师。再说，你在乎教师的难堪，难道你就不在乎学生的难受？第二个理由是怕一旦"开禁"，学生纷纷转班，学校的正常秩序难以维持。再说，我们要培养学生的适应能力，一有不适就转班，将来怎么适应社会？其实，这也无需担心，大量的事实已经证明了，你尊重学生的选择，学生反而会理智地对待选择的机会，只要我们略加引导，学生远比我们想象的理智得多。让"转班"开禁，带给我们的将是管理上全新的理念。

让每位学生都拥有自己的导师。新课程背景下，学生咨询制度将成为学校里一项重要的制度，导师制就是这项制度的一个重要保证。在实行导师制的学校里，每一位教师都应该在师生双向选择的前提下，带着数量不等的学生，像大学的老师带研究生一样，学生的开心和烦恼随时都可以与导师分享。谁来做自己的导师，每学期由学生自己选择、调换，有多少学生选择你，将成为衡量导师业绩的重要根据。当然，如果没有多少学生选择你，对不起，在职称聘任中肯定会大大丢分。

辅导员要竞选。学校里当然也有行政班，但却没有像现在权力这么大的班主任，取代它的是没有多大权力的辅导员，班级活动的最终决定权全部交回到学生手里，辅导员只是参谋而已。谁做学生的班级辅导员，也是学生选择。当然，老师们也会像总统竞选那样，以选票论英雄，谁票高谁当选。

在这个充满选择的校园里，可能不会像现在这样有我们校长和老师已经习惯了的井然有序，但却充满了孩子们喜欢的校园活力。提升教师素质，不再靠校会上的号召；评价教学优劣，也不再是评委计算分数，一切在选择中都变得自然而又有效。选择，成为"市场教育"中一只无形的手，呵护着孩子们的心灵，提升着教育水平。

中层部门要变脸

为什么我们学校的中层部门越来越多，说到底就是对上负责的机制使然。分工越来越细的中层部门，使上级主管部门和校长的工作变得方便，但对教师来说，多一个领导就多一个婆婆，多一个部门就多一分忙乱。教育最终靠的是教师，如果一个管理机制不能让一线的教师心气平和地工作，这个管理机制肯定不是有效的。

事实上，管理层次太多、太乱，已经影响到"以人为本"教育理念和"全面发展"教育方针的实施，我们把综合的、面对着活生生的人的教育肢解了。在教导处、德育处、科研处甚至体育卫生艺术处的"共同努力"下，班主任忙于应付来自各个部门的指令，学生变得越来越无所适从。

我们的德育处在直接管理、教育他们甚至都不认识的学生，这种教育和管理，说白了就是发现学生的"劣迹"，并把它公诸于众，为班主任的批评、处罚火上浇油。有些学校的德育处又叫学生处，可学生处偏偏不是学生的天地，反而是专门整治学生的场所。而德育处的老师，又常常被同学们私下里称为"克格勃"。德育处也经常搞一些很大的场面，对学生进行这样那样的教育，他们往往过于相信说教的力量。其实，在新的课程目标下，情感、态度、价值观的培养更应该走进课堂。

教导处是干什么的？检查教师的备课，编排、调整课表，组织考务，统计学生分数和教师成绩。如果还有时间，教务主任有时也听课，但大都是从研究教学方法的角度去听课，从课程的角度研究教育教学的太少了。在我们的一些学校，甚至教学进度都可以由学科组决定，至于课程的管理、开发，就更没有人去思考。教导处早已成为名副其实的事务处，教导主任则已经成了事务长。

在新课程背景下的学校里，不应该再有总务处、校长办公室，更不应该有德育处和体卫艺处，甚至连教务处也不必要。取而代之的是专门研究学校中心工作的课程部。课程部将成为学校教育教学职能部门的主体，课程的管理、研究与开发是它首要的任务。怎么把国家课程、地方课程和学校课程融为一体，最终形成独具特色的校本课程，决定着一所学校能否富于个性、充满活力。

建设学生喜欢的课程，塑造学生热爱的校园，把学校变为孩子们向往的乐园，管理也许就会变得不像我们认为的那样难。

如果有必要，可以再设一个资源部，靠它来建设一个没有仓库的学校。

建设没有仓库的学校

没有仓库的学校是一种理想，它其实是想告诉人们，学校里不应该有库存起来的资源。要让本来放在仓库的东西，全部成为服务于教育教学的资源，让校园里每个人都成为"红管家"，而让总务处成为教育资源开发商。

这个资源开发商，大概就相当于现在一些学校的总务处和办公室，姑且就叫资源部吧。之所以起这样一个名字，并不是别出心裁或者标新立异，而是为了让大家转变观念，对资源部的职责有一个明确的定位。它就是来有效开发和利用学校各个方面资源的，它把学校能够利用的资源全部用起来为教学、为学生服务。办公室一般都管着一部或者几部校车，可这些车主要是用来干什么的？它是为教师、学生服务，还是用于别的？我们的总务处，只要把物资管好了，堵住了"跑、冒、滴、漏"，往往就被认定为"红管家"。细想一下，这样的职能，与我们学校的中心工作实在是南辕北辙。还有，我们投巨资开发的校园管理平台，到底首先应该属于谁？从我们过去的情况看，最早大家搞起来的是校长管理系统，再后来是教师备课系统，可始终就是没有学生的天地，这和我们不少学校贴在墙上的办学理想相去甚远。

有了这个资源部，我们可以做好多事：把原本专门接待领导和外宾的接待室变成家长活动室，把不开会就大门紧闭的会议室变成教师评课室和教师阅览室。

资源部的第一步工作应该是拨乱反正，首先把原来规定学生不能去的禁区，变成学生可以随便去的场所；把校园里学生高不可攀的变成随手可及的；把图书馆变成学生的自修楼；在实验楼里甚至也可以设一些试验室。我们许多校舍建筑的布局并不合理，仪器室、准备室、实验室相对分离，学生只可以进哪一间房子有明确规定，我们要培养学生自主探究和动手实践的能力，这样的建筑布局明显地与之相悖。

资源部还应该研究、控制从校长到教师的工作效率。它可以研究，哪一些是校长可以做的，哪一些则不应该浪费管理者的精力和时间，怎么调配学校的资源以最大限度节约被管理者的时间。

资源部还应该研究学校资金的流向比例，到底有哪一些资金是真的用在了教学上。我们不能容忍的是，我们一些学校，为订一份学生报刊而斟酌再三，而招待客人却毫不犹豫地摆水果上香烟。

需要说明的是，课程部也好，资源部也罢，它们都没有多大的权力，对教师都不能构成多大的制约，这也是为什么把"处"变脸为"部"的一个原因。

建设一个民主的课堂

在课堂教学中，有一个不被大家留意却又不可小视的规矩，那就是上课发言的"举手"和"起立"。从小学到大学，这个看起来如此天经地义、不容置疑的规矩，到底在我们的课堂上扮演着怎样的角色？

"举手"、"起立"才能发言，肯定有它的道理，但这个道理肯定是从教师的角度来说的。有利于控制课堂教学的秩序、不至于轻易打乱课堂教学进程可能就是这个道理的核心。可是，站在今天的新课程的视角来审视，我们会发现，老师设置的关卡越多，越是在削减学生发言的动力。我们不是常常慨叹学生张不开口吗？为什么不给他松绑呢？笔者曾经做过一次学生课堂发言情况的对比实验，结果发现，在同一学科、同一内容的教学中，要求学生举手才可以发言与无需征得老师同意随便什么时候都可以发言相比，后者发言数量是前者的2.3

倍。当然，让我们看重的不应该仅是发言的数量，还应包括发言的质量，这个质量不是看发言能不能招来听课者的喝彩，不是看有没有几个学生表演得多么精彩，而是看它有没有真实地反映学生的思维水平，把一个个真实的学生暴露给课堂，使教学能够有一个实际意义的起点。

这样看起来，有了这样一个"举手"、"起立"才能发言的规矩，才保证了教师的中心地位，才有利于课堂教学的进程自始至终沿着教师预先设定的思路进行。它足以使课堂教学不受学生思维的随意"干扰"，对学生的活动当理则理、当用则用，不当理不当用时，则完全可以置之不理，把教案上早就编好的剧情上演完了了事。

一个小小的规矩，居然有如此之功效，难怪我们都不约而同地把这个传家宝保留了下来，又毫不迟疑地把它用在新课程的教学中。

如果我们要创建一个民主的校园，培养学生的民主意识，发现课堂上真实的问题，就应该从改变这个不起眼的规矩开始。

评价，换方法还是换思维

在学校的管理中，我们无法回避评价，对学生的评价，对教师的评价，对课堂教学的评价……

我们改革了许多评价的方法，但万变不离其宗，我们并没有跳出传统的思维。单一、平面的思维方式，影响了我们评价的客观、多元。对一位教师的评价，不同的学校有不同的探索，但大都在学生考试成绩的分数、系数、百分数上做文章。其实，当我们把选择的权力交给学生的时候，评价不就寓于其中了吗？

我们也让学生评价老师，但问卷调查的量表——也就是好教师的标准，是怎么产生的呢？实际上，这些标准大多是在校长室里产生的。校长眼光里，如好教师与学生眼光里的好教师常常相去甚远。我曾经做过一次对比调查，让一部分校长和一部分学生共同设计有关评价教师的问卷调查量表，结果发现，在他们看重的前五项指标中，有四项是不同的。既然老师是学生的老师，我们有什么理由不把评价教师的权力还给学生？

还有一个就是好课的标准。过去，我们评价一堂好课，常常注重的是课堂上教师为学生解决了多少问题。如果教师把课堂上提出的问题都解决了，我们说，这就是一堂好课。可是，在新的课程理念下，我们想一想，如果我们的学生走出课堂，踏上社会，脑袋里都没问题了，我们这个民族还怎么创新？

还有，在新课程背景下，情感、态度和价值观成为新的课程目标的一部分，可怎么完成这一目标？教育只能用情感塑造情感，用态度影响态度，没有教师的幸福感，又哪来学生的幸福感？怎么使教师在校园里有幸福感？谁给教师幸福感？让学校成为教师的精神家园，就变得现实而又迫切。评价一所学校，还要看教师的幸福感，这是我们过去没有想过但现在却要认真思考的问题。

让产业意识进校园

时下，大家常常喜欢说，用运作产业的方式运作教育。在有些人的眼里，产业似乎仅仅是和钱联系在一起的。其实，我们更应该明白，产业有一个重要的性质，就是市场的意识，就是服务的理念。怎么让市场的意识和服务的理念进校园？怎么让家长、学生真正成为学校的主人？如果我们希望家长对学校的全面管理工作具有发言权，就应该研究一种机制，使教师能够在乎孩子们的需要，关注每一位孩子的成长。学校不仅应该有一个有发言权的家长委员会，更重要的是，在学校的各种委员会里，在学校管理的各个环节上，都要有足够数量的家长参与，而且享有充分的地位。社区的参与，将是教育改革中一个崭新的课题。在阳光下办学，为纳税人教书，学校管理者将面临着新的挑战。

说了这么多，其实，我们的目标很简单，就是把学校办成孩子们向往的乐园。

第四辑

让资源流向哪里

不同寻常用人才

松下幸之助在《经营人生的智慧》一书中说:"世界上没有任何东西,是没有一点用处的。我们认为它无用,只是因为我们还不知道活用它的方法而已。黄金这东西,对小猫是一点用也没有的废物,然而对熟知并使用它的人类来说,黄金乃是人世的大宝。用人更是如此。"

一般来说,一个人还是自己最了解自己,有什么特长,干什么最合适,自己对自己还是比较清楚的。所以我们的教师聘任制度确立的一个基本原则就是双向选择,中层各个部门有聘任和不聘任的权力,但教师们也有选择和不选择的权力。这样一来,每一位教师在填报志愿的时候都注意扬长避短,基本都找到了适合自己发挥聪明才智的岗位。在这样一个合理的体制下,既达到了人才资源的合理配置,又不需要校长浪费太多的精力去寻找放错了位置的财富。

随着课程体系的完善,特别是选修课、活动课的开设,艺术类师资成了制约课程建设的"瓶颈"。校内已经没有办法解决了,我们只好把眼睛转向了校外——

在市内有一位搞木雕的老艺人,他所开的雕刻厂因亏损而倒闭,他也因此下岗多年而无所事事。

有一位布鞋厂的工人,在车间里很不受欢迎,因为在他的工序上老出次品，影响了全车间的效益。可他们却不知道他曾经辉煌的历史：他曾是全市乒乓球少年冠军和市民乐队的首席。

还有一个过去曾经在海军舰队当过日语翻译的老军官，返乡安度晚年，全村几乎没人知道他懂得日语。

这些人后来都成了我们学校选修课和活动课上最重要的师资，而且他们为学校培养出了大量的优秀学生。再后来，我们成立了一个学生校外导师团，几乎把市内所有杰出的人才集中了起来。很多在社会上被认为"没有用"的人，在学校里却成了宝贵的财富。

世上没有垃圾，只有放错了位置的财富。一个聪明领导者的重要任务，就是去寻找那些放错了位置的财富。

在一个团队中，人们的素质、水平、能力、才华总是存在着差异。对于一个领导者来说，应当有一双敏锐的眼睛，善于发现和使用一些特别能吃苦、特别能"战斗"的人，给他们定目标、压担子，有意识地去锻打他们、培养他们。也就是我们常说的"响鼓重槌敲"。

比如，一个很好的班级，如果有一个学科的教师水平欠佳，那么尽管其他学科都是好教师，这个班级总的教学成绩也肯定不行。不仅总分要降低，就是班级的日常学习气氛也会受到很大影响。一个很好的年级，大部分班主任顶呱呱，只要有一个班总是出毛病，你这个年级也好不到哪里去。

当校长的都有切身体会，每年都在扩大规模的学校的校长可能体会更深。一到学年转换，总是缺人，缺能够当"台柱子"的骨干。30个班级，挑来挑去，能当得了班主任的总是缺那么三五个，教毕业班的老师也往往掂来掂去不足数。勉强安排了，心里也不踏实，到时候找你麻烦的，也常常是他们。所以人们总是习惯于在学校管理中重复"木桶理论"。

有一年，一位班主任外出培训。由于他带的班班风不好，一般的教师都不敢接手给他带班。我们只好请一位给这个班任课，同时已经担任另一班班主任的老师来带这一个叫学校放心不下的班级。两个星期下来，当那位外出培训的老师回来要接班的时候，这个班的班干部却送给我一封签满全班同学名字的信件，信中"强烈"要求校长把带班的班主任给"留"下。

作为校长，我显然不能对这样一封充满火药味的学生签名信无动于衷、置之不理，我知道这信的分量。于是反复思量，最终权衡利弊，我们还是下定决心，满足了学生的要求。因为，这也是我们学校办学原则要求的，"以学生为中心"嘛。从此，我们学校就有了一人担任两个班班主任的先例。

很快，大家发现，这位老师把原来这个几乎叫老师们丧失信心的班级搞得非常出色。他带的两个班并驾齐驱，似乎向人们证明着什么。当然，学校也不失时机地给这位老师配上了助手，给了他带徒弟的任务。几年下来，他也真的带出了一支优秀的班主任队伍来，为学校的发展作出了卓越的贡献。在一般人看来，这似乎不大可能，一个人带好一个班就非常不错了，再让他挂上一个，怎么能行呢？但事实明明摆在这里，毋庸置疑。对于"响鼓"，用一般的槌子敲是不行的，只有"重槌敲"，"响鼓"才更响。

后来，我们的学校里就出现了这样有趣的现象：副校长同时是图书馆馆长，教科处主任同时是班主任或一个学科的教研室主任，至于一位教师担任两个班班主任的现象，已经算不上什么新闻了。而且，那些曾担任过两个班班主任且成绩非常突出的教师，其中好几位已在本校或其他高中担任了校长、副校长的职务。

避免"成功式的失败"

我有一位朋友，业务上很有才华，是全市的教学能手，教学质量一直在全市处于非常突出的位置，按照学校的结构工资制度，他的工资在全校一直是比较高的。但我知道他的管理"才能"，因为他做班主任的时候，曾经把一个班级带得一团糟。后来，因为看到比他资历浅得多的同事、业务差得远的同学都当上了学校的中层干部，甚至校级干部，他有点心理不平衡，于是找我，要求干个一官半职。我劝他不要勉为其难。第一年，他想通了；第二年，他不再找我，调到了另一所学校，而且果真实现了他的理想，做了那所学校的教导主任。不出我所料，很快他就被工作搅得焦头烂额，天天缠绕着他的只有苦恼和无奈。他又想起了我对他的规劝。有一天他找到我，谈了自己内心的矛盾：继续干下去吧，实在是力不从心，而且一天天地在不安中生活，对自己的精神是一种煎熬；离开了课堂，对自己的业务是一种荒废；不干了吧，又怕别人笑话。真是左右为难，不知如何是好。

我想起了当代最杰出的管理大师彼得说的一句话。他说："当一位员工晋升到他不能胜任的阶层时，没有什么事情比这种成功更失败的了。"我想，我的这位朋友也许就是彼得所说的那种"成功式的失败"人物了。可是怎么使他从那个教导主任的位置上光彩地退下来，干他自己应该干的工作、过他自己应该过的生活，这可不是一件容易事，因为他已经被我们习惯了的一种所谓成功的文化所包围。

我们目前的管理体制是一种层级式的管理体制。正如"彼得原理"所说的那样，"在层级式管理体制中，一个人最终将晋升到他不能胜任的职位"。这是一种可悲的体制，也是一种可悲的文化。明智的管理者应当打破这个"彼得原理"，树立科学的用人观。很明显，对像我朋友这样的人，你可以多发奖金，但不能委任官衔。权位应给予那些具有相应管理才能的人。一个并不长于管理的专业人才，为什么非要让他往行政岗位上挤？世上没有比做自己力所不能及的事更折磨人的了。

我的朋友又一次来找我的时候，我已经到高密市教委工作。这时我思考的不再仅仅是怎么解放我这位朋友，而是怎么改变这种体制，让这种用人机制使我们那些在学术上突出而在管理上并不出色的优秀教师不再重蹈覆辙。牛同马去赛跑，当然是牛输了，但牛的失败并不证明牛的无能，倒证明让牛和马去赛跑的人的无知。于是，在那一年，我们在全市设立了学科带头人、市内特级教师和特聘教师制度，使那些学术上有造就的教师不再仅仅从管理岗位方面找出路，而是把适合自己的道路拓得更宽。后来，我们又设立了重大课题主持人、人民教育勋章、市政府教育顾问等一些更加重要的称号，使一些人在不需要走上管理岗位的前提下，能够扬长避短地得到提升，从而避免"成功式的失败"。

比尔·盖茨说："管理的艺术就是在不使人们变成经理的前提下提升他们。"这句很普通的话，也许是用人策略上一句十分重要的箴言。

从总务处的定位说开去

多少年了，我们对总务处的职责定位一直没有太多的改变。长期以来，我们心目中的总务处，就是一个"红管家"的角色。把学校的物资管理得井井有条，把学校里的资源保存得完好无损，这就够了，这就是一个好的总务处。

如果是这样，我们就没有多少理由要求他们在服务教学、服务学生上有更多的思考。把教具放在师生手上容易损坏，而锁在仓库里则是不错的选择；频繁地把教学物资借进借出显然不如按兵不动来得保险，何必为了折腾出问题而不停地忙活？

当我们还没有把学校里的物资当作教育资源来认识的时候，物资本身就显得和学生一样重要，总务处的保管员们之所以一直在意识里认为与教师们是平起平坐的关系，是因为他们始终认为：你管理好学生，我们管理好物资，我们是并行的。殊不知，管理好物资的衡量标准，应该是急教学之需，是物资最大限度地为学生所用。

到英国的伊顿公学访问，就曾经见识了伊顿人的眼光。当主人把我们带到学校图书馆的时候，首先带我们参观的竟然是几个装满了破旧图书的书架，那上面放的是被历届学生看破了的图书，他们非常自豪地宣称：伊顿的学生是多么勤奋啊，这些书都已经被翻破了！这是他们的骄傲！当这些自豪和骄傲转化为学校文化的时候，资源的真正价值就自然会得到人们的认同。

在一次规范化学校的验收活动中，一位校长曾经向我诉苦说验收组对他们的评判不公平。因为学校把所有的篮球、排球、乒乓球全部借给了学生，也因为学校把仓库里的二胡、板胡、小提琴全部放进了教室，而被验收组评定为学校管理不善，并要求他们限期整改。校长苦笑着说："难道把这些学生喜欢的家什全部锁进仓库就算是管理规范了？难道一定要固守着那些同学们并不喜欢的规范吗？"其实，规范不规范，完全源于对规范标准的理解，站在不同的角度考察，用不同的尺度衡量，就会有完全不同的评判，这也正是伊顿的主人与我们所看重的迥然不同的原因。

曾经参观过几十所西方国家的中小学，竟没见到一所学校有专门的藏书室。学校所有的图书，不管是孤本、珍本还是善本，全部都摆放在学生随手可及的阅览室里。原来，校长们共同的理由就是"学校图书馆没有藏书的任务，藏书的任务归国家图书馆"。买来的书，全是应该给学生看的，学生不需要的，无论多么珍贵，也不一定花些冤枉钱收藏，如此而已！

一位朋友告诉我，他曾去一家特大型国有企业作报告，当时，"非典"已经过去，厂里却搞起了抗击"非典"的大型展览，介绍的全是领导如何重视、措施如何得力之类。令他不解的是，一个应该以赢利为最高追求的钢铁厂，竟腾出四千多平方米的展厅，解说员则是从一线选出的 42 位俊男靓女，全天候地侍候着前来参观考察的寥寥几位领导。最后，朋友终于明白了，是所有制搅乱了企业的定位。在国有的体制下，赢利还是亏损，与年薪、升迁没有多大关系，反而是一些凑热闹、赶时髦、出风头的事情常常决定着公司领导的命运。可见，如果我们不在制约企业定位的体制上开刀，就不可能让企业领导人把精力调整到当用的地方。

在新一轮的课程改革中，能否以学校为本、基于学校实际解决问题决定着改革的进程与改革的质量，其中，如何调整学校与教育行政部门乃至直属单位的关系，成为改革的关键。现在的问题是：一些该管的事情，总是找不到该管的单位；而完全可以由着学校独立去做的，却常常冒出许多既"主动"又"积极"的部门插手。我们赋予了一些部门太多的权力，他们可以随意地对学校指手划脚，但却并不承担指手划脚带来的后果；他们给学校戴了太多的镣铐，却希望学校能够跳起迷人的舞蹈。为什么会这样？体制上没有解决好各自的定位使然。我们设置了过多专门吃学校这块"唐僧肉"的部门，它们的职能说穿了，就是从学校身上啃几口；而学校也并没有作为一个独立的法人实体自主发展，仍然在计划经济的泥潭里挣扎，一天天地应付着太多来自上面的东西，使学校很容易迷失自我。

我们无法埋怨这些还没有找到新的定位的部门，更无法埋怨那些无可奈何的学校，还是应该从制度的重建开始，去寻找各自应有的位置。

降低管理成本

在学校门前有一家理发店，店主是个极认真的人。由于我是这个店的老主顾，所以，碰到我去理发，店主总是亲自下手，而且每次还要精益求精，多用去十几分钟甚至 20 分钟的时间。在他看来，这是对我的一种照顾，可我却感到是一种浪费，浪费他的时间不说，还浪费了我的时间。终于有一次，我跟他讲明了这个意思。他有些吃惊，不能够理解。我告诉他，在我们这个视时间为金钱的时代，最好的服务应当是用最少的时间，达到最好的效果。

我有这样的理解，完全是由于我工作的原因。我是教师出身，在课堂上，时间都是以分秒来计算的，你要完成教学任务，你就必须在乎时间。后来当了校长，经常听一些同行在工作调度会上汇报工作，说在学校开了几个办公会，几个支部会，几个党员会、教师会、班主任会等等。我就纳闷，一位教师如果既是党员，又是班主任，或者再当点小干部，面对着这么多的会议，他拿什么时间来研究自己的教学呢？

办什么事都要考虑成本与效益的关系，开会也不应该例外。在日本太阳公司，为了提高开会的效率，他们实行会议成本分析制度。每次开会时，总是把一个醒目的会议成本分配表贴在黑板上。成本的算法是：会议成本 = 每小时平均工资的 3 倍 ×2 × 开会人数 × 会议时间

（小时）。公式中平均工资之所以乘3，是因为劳动产值高于平均工资；乘2是因为参加会议要中断经常性工作，损失要以2倍来计算。因此，参加会议的人越多，成本越高。有了成本分析，大家开会的态度就会慎重，会议效果也十分明显。

在所有的管理措施当中，开大会大概算得上是吃力不讨好而又最没效益的事了。我在做校长期间，每年只开两次全校性大会，一次是毕业典礼，另一次就是教师的全员聘任大会，其余的时间任何人都不得集合召开全校性的会议。除此之外，我还在学校里推行无会议月、无会议周等活动，防止部门会议泛滥。

有些人可能担心，会议少了，会不会造成学校内部的信息闭塞和指挥不畅呢？这就需要我们的一些配套措施。比如，我们学校办公室就专门编了一个《学校工作周报》，把一周内学校里发生的事或下一步的工作，通通印出来并在校园网上公布，通告全校，使人人皆知。一段时间的工作落实得如何，有一个《学校工作落实情况备忘录》，各部门对照一下，自查自纠，也就够了。谁出了毛病，办公室找谁去，还用得着因为几个人的事，把大家都召集起来搞"集体陪罪"吗？

还有些事非常小，但对被管理者来说都来得非常实在。譬如，放学时间，2000多名学生一块儿出校门，需要15分钟，把放学时间调开，不同的年级不同的时间，大家轻轻松松5分钟就走出了校门。教师呢，除了值班的以外，其他人都可以赶在学生大队人马前面走。早走5分钟，节约半小时，老师们早回家，早做饭，早休息，腾出了时间和精力，有何不好？

节约被管理者的时间当然也同时节约了领导干部的时间。我刚开始做校长的时候，每周都有一个行政办公会议。后来，不断地减少；经过几年的努力，再到后来，终于做到了四周开一个办公会。我感到这既是对被管理者时间的尊重，也是自己管理水平提高的一个证明。当然，会议议题的征集就成了办公室的一个日常任务。他们要对会议的内容认真筛选，有时候要几个回合才能完成。

成功而有效的管理，应该最大限度地节约被管理者的时间，只有这样，被管理者才有可能真正成为自己的主人。

降低管理成本还有更宽泛的内容。在我们学校，每完成一件事情，都必须写一个"工作后鉴"。在这个"后鉴"里，经验是无须多说的，但教训却必须找足，而且要把这个"工作后鉴"印发给全校教职员工，让大家都能从中学到一些什么。如考场编排不应考虑学生成绩高低，以免带给学生心理上的负面效应；文化艺术节的市场化运作模拟应避免社会利益驱动；评教应以正面评价为主等。这些都是通过学校"工作后鉴"的形式，印发全校后产生的正面效应。同一个人一般不可能掉到同一个泥坑里，但另外的人，甚至两个人、三个人或更多的人却可能掉到同一个泥坑里。这个学校"工作后鉴"就是为了最大限度地避免教师们掉到同一个泥坑里，犯同样的错误，以避免运行成本的增加。

要老师写"教学后记"本来是大部分学校常用的办法，这个"后记"一般是教师在教完课后，自己写给自己看罢了。但我们想，仅仅写给自己看，这个投入产出比例失调，应该让更多的人从中受益。于是对老师们的"教学后记"我们加以挑选、汇总、印发，每学期要老师们评选一些给自己启发最大的"教学后记"。一个人的笔记给了许多人启示，效益自然是传统办法不能比拟的。提高了效益其实就是降低了成本，这个账还是非常值得算一下的。实行多媒体电脑备课之后，不少老师在自己的电脑上加了密码，这样保密性是好了，但却造成了相互间的封闭。我们在充分征求老师们意见的基础上，规范了电脑使用办法，只允许在个别文件包上加密，能够共享的资源要最大限度地共享。一个人精力的投入，大家都来分享，成本不就低了吗？

还有一些小事，我们也十分计较管理成本。如外出参观、考察、学习，必须凭考察报告才能报销差旅费。你自己学习了，那受益面太小，只有把你的学习成果转化为全体教职工的生产力，这个考察活动才是我们认为"合算"的。况且，你有写考察报告的任务，学习起来一般就特别认真。你考察了一遍又写一遍，这本身就是重新整理、重新思考的绝好机会。在许多学校，对教师外出买书的数量是加以限制的，不仅买多少有限制，买什么也限制得很明确，生怕老师们多花了钱。而在我们学校，教师外出必须为图书馆买书，这是一条特殊职责。一年下来，要对教师为图书馆买书的情况进行汇总，谁买的书借阅率高，谁的贡献就大。我做校长期间，出差时买的书就足足可以充实一个阅览室。这样省去图书馆的老师外出不说，单从买书的质量上考虑，就和图书馆教师们买的不一样，这样买来的书往往都是老师们特别需要的，借阅率也特别高。

再一个就是教科研工作。我们比较喜欢给大学当实验基地，为教科研部门承担实验课题，花最少的钱，构建自己的智力背景，实施低成本提高。有人认为这样做是为他人做嫁衣裳，出了成果是人家的，但我们却始终坚持，即使不要成果，也要收益。你派专家指导我，你给我智慧，提高了我们的教师素质，表面上是种别人的地，实际上汗水却洒在自己的田里，这是再合算不过的了。至于名声嘛，比起实际收益来，就太微不足道了。或者说，你有了效益了，还会没有声誉吗？

在我们的工作当中，还经常发生这样一些事情：一个文件仅仅晚处理了几个小时，造成的损失却没有办法弥补。什么事情谁来处理、什么时间处理、怎么处理，这些都是直接影响效率、关系质量的大事。文件处理往往牵一发而动全身，要提高工作效益，就不能不在文件的处理上十分慎重。所以，在我们各位校长和中层管理人员的办公桌上，文件传阅夹的颜色是不同的：红色的代表特急，必须即时处理；绿色的需要认真研究，必须提出较详细的意见，可在一周内批阅；灰色的则是一般性的文件，一般要在3天内完成。

　　在我们学校还有一个规定：遇上雨雪天气是不允许怀有身孕的女教师上班的。这既是对老师的爱护，也是我们出于降低管理成本的考虑。天气不好，路面湿滑，万一有个三长两短，老师本人痛苦，家庭不幸，学校也要在人力、物力、财力上全力以赴；还有，由于缺课而造成的损失更是学校非常看重的。天气恶劣，怀孕的老师一天半天不上班，表面上缺了课，实际上她们往往会千方百计弥补，把损失降低到最低限度，学校完全可以放心。

让资源流向哪里

曾经看到一家晚报的报道，说是一个省会城市下决心要兴建全国最大的火车站，本来一件很好的事情，可是，看完通篇报道才明白过来，原来，他们对"最大火车站"的理解，只不过是要把候车室搞到可供两万人同时候车而已。我为此颇感困惑：火车站到底是干什么的？如果我们仅仅满足于让旅客滞留在候车室里，那这样一些"最大"的东西还是不建为好！

其实，仔细想来，把钱花错地方的做法，也经常发生在我们的一些校园里。参加一所新建高职学院评估的时候，很为当地政府的高标准规划、高起点建设所感动，占用上千亩土地，十几万平方米的建筑，竟几个月一气呵成，仅仅行政办公大楼的外挂石料墙面，每平方米造价就高达 400 元钱，10000 平方米的地下车库，更是气势恢弘。可是，当我们考察图书馆藏书的时候，却惊奇地发现，偌大个图书馆里，2000 年以后出版的图书竟不足千册！其实，办公楼的外挂石料完全可以由每平方米 400 元降到 40 元，投资过千万的地下车库等校园里确实停不下车的时候再建也并不为迟，而图书馆能不能成为学生们向往的地方，却是迫在眉睫的事情。

同样的事情还发生在新课改实验区的一所小学里。学校不过有 1000 名学生，一年的杂费收入也不过 6 万元钱。可是，校园里却迎面摆着 21 个不锈钢牌匾，牌匾里装裱着一些领导视察、校长开会、教师备课等诸如此类的图片。我不知道这些东西对学生有什么价值，只通过在场的管理人员知道，21 个牌匾的价钱是 16000 多元。一年 6 万元的杂费收入，就能拿出这样一个数目的钱来做牌匾，我一点也不敢敬佩这样的胆识和勇气。更叫我们泄气的是，全校有 60 多位教师，竟没有订一份教育方面的报刊；摆放着色彩斑斓沙发、奇形怪状桌椅的阅览室里，却只有 100 多本图书；10 亩地的校园，校舍相当紧张，但是四楼上却尘封着一个 100 多平方米的校史展室；校园里有 3 个篮球架，但都是成年人用的篮球架，小学低年级学生只能是望"篮"兴叹……看完这所学校，我不由得想，我们到底怎么了？尽管大家整天在抱怨经费紧张、资源奇缺，可对于手头上的资源我们到底怎么利用才好？

到一些西方国家考察学校，尽管几次都是以国家教育代表团的身份，但西方同行的接待规格却始终"档次不高"：为你介绍情况，不是站在门厅里，就是随随便便地坐在阅览室里临时搬来的椅子上。他们的学校里没有接待室，没有会议室，甚至也没有教师餐厅。接待外宾用餐，通常也是在学生餐厅里，即使要特别提高一下"规格"，也不过是在阅览室里，把阅览桌搭上一块桌布而已。学生用餐也常常因为餐厅太小，而被分为三拨五次地错时就餐。而且，用餐完毕，把餐厅里的桌椅往四周一推，中间又变成了学生跳舞或者传球的地方。有些学校的电脑也并不比我们一些学校多，但他们却不是将之放在学生轻易去不了的电脑房里，而是放到学生随手可及的地方，每一间教室，每一处走廊，甚至在餐厅、体育馆里也非常自然地摆放着几台电脑。他们的目的非常明确，就是让教育资源得到最大限度利用。

这样说来，似乎他们在教育资源的投入上，很有点抠门，其实，在这些学校里走一走，你会发现，他们是把钱花在学生最为需要的地方了。为了强化对班上有学习障碍的学生的教育，他们可以花重金为每班多聘一位辅助教师；为了某一位学生的吉他爱好，他们可以不惜代价雇用一名兼职的员工；为了一帮爱好橄榄球的孩子，他们可以找到市长申请一笔资金，在学校附近修一个偌大的球场；教师需要培训了，他们可以专门从哈佛、耶鲁这样的名校请专家奉陪……他们的"抠门小气"和他们的出手大方，常常会让我们一惊一乍。仔细想来，却又不得不佩服西方同行们的睿智，显然，他们是把钱用在了最该用的地方。

曾经考察过一家柴油机厂的新园区，很为建设者的自信所折服，他们敢于建造 42 万平方米的车间，但却极其"吝啬"地只建设了 1 万平方米的成品仓库。主人告诉我们，他们不会把更多的钱用于建设仓库，因为他们已经把钱用在提高营销人员素质、打造销售网络、完善售后服务上了。更加重要的是，他们投入更大的资金，把功夫用在了车间里产品质量的锻造上。所以，企业规定，产品下线后放在仓库里不得超过 24 个小时，他们竟真的做到了。资源的投放战略决定了他们的成功。

到日本乘坐新干线，你才明白为什么主人竟然在车到之前五分钟才把你送到站台上，因为，四通八达的出入通道，使日本人没有进候车室的习惯。日本人把建造候车室的钱用在了建设站台和通道上了，因为，让旅客以最快的速度和最少的时间坐到车上，才是火车站的追求。那种把旅客圈在候车室里，设置上道道关卡，直到人满为患时才放蜂一样地把旅客放到站台上的做法，不仅给旅客带来不便，其实也给自己制造了麻烦。财力浪费了不说，人力也浪费得更多。

学校投放资源的着眼点，就是看资源与学生的联系。如果有一架天平，天平的一头肯定是学生的需要，当我们根据学生的需要投放资源的时候，资源才有可能发挥出应有的效益。

项目管理:让教育资源流动起来

长期以来,机关工作的领导分工负责制,使人们各司其职、各负其责、各尽其力,职、责、权明确而统一。但这种管理体制,是建立在班子成员间互相信任、互相支持、互相谅解、互相补充基础上的,包括互相帮助克服缺点和错误。

在不少单位的经验介绍材料中,常出现这样一些描述分工负责制的华丽语句:工作上分,目标上合;职责上分,思想上合;制度上分,情感上合。我认为此种描述,对多数单位来说只能是一种理想,或者是追求的目标而已。如果我们费尽九牛二虎之力仍难以把理想变为现实,那就有必要想些别的办法。领导分工负责制的经验很多,但带来的弊端也让人在现实中颇有感受。这种分工有余、统筹不足的管理模式,不是解决所有问题的灵丹妙药。而项目管理,正是基于这样的思考,借鉴工程管理中的管理模式嫁接而来的一种辅助的管理方法。

项目管理仍然是在分工负责制的总的管理背景下进行的,解决的主要是超越一位领导分工范围或分工范围管不到的一些工作的管理问题。在分工负责制的管理文化里,大家最忌讳的是"越权"。于是在你不"越权"、我不"越位"的默契下,那些需要不同分管领导合力解决的问题,被无休止地拖了下来,没问题拖得有了问题,小问题拖成了大问题。若发现大事不好，到了众人瞩目、必须解决时，就只能由主要负责人越俎代庖了。这样一来，主要领导的战略思考越来越少，事务主义在所难免。这显然不是我们所崇尚的管理。

项目管理是把那些由不同部门分管的工作整合起来，变成一个个项目，采取的是项目组长负责制，责、权、利结合，决策、执行、评估分开。从规划立项、组织实施到目标评估，环环相扣，方向、目标明确，工作有始有终。项目一旦确定，则由项目组长招兵买马，谁能参与其中，谁能担当什么样的角色，实际是对每个人综合素质的权衡。可以说每一个项目都是一次机遇，命运掌握在自己手里。成员工作量权重的大小，取决于在项目中的贡献，并以此衡量每个人在这个项目中的工作业绩。

项目管理的第一步是项目的规划立项。这一步的关键是把握好两个关系：一是项目与正常分工的关系，在一位分管领导手上可以解决的事情，不再列为项目，以避免与常规工作冲突，也防止出现事事变为项目或没有项目不工作的倾向；二是重要性与可行性的关系，有些事情非常重要，也必须整合各方力量通过项目解决，但不好操作或不可行，也不宜立项管理。因为任何管理都有个适合不适合的问题，项目管理也不例外。对周期太长、目标太大、结果不宜评估的工作，列入项目就是自套枷锁。

在教育行政部门，哪些工作可能被立项管理？我想，教育质量的管理可以算一项，因为它是一个系统工程，没有各个业务科室的通力协作，是不会有效益的。一个时期的市区教育协调发展可以列为一个项目，因为这里不仅有基础教育、职业教育和高等教育，而且有民办教育、社区教育等；不仅有管理的问题，而且有布局调整、财政投入、督导评估等一系列问题。一些小的项目也是有意义的，如我们正在进行的"安全管理百校行"活动，从各个部门抽一批精兵强将，组成几个团队，深入基层学校去发现安全管理正反面的典型，最后编辑一套专题片作为教育干部的警示教材，还要实行目标考核，评判质量高低，以衡量每一个团队的工作业绩。实行项目管理前，这种事往往没人愿意干，没目标，没考核，干不干一个样；甚至时过境迁，连谁干过谁没干过都无人知晓。

这些事情看上去虽是小事，但我们大部分工作，都是由这样一些小事组成的，忽略了这些事情的处理，追求卓越的目标就不可能实现。

当然，项目和项目是有差别的，我们一般根据轻重缓急分为几种类型，工作量的确定、组成人员的多少、行政资源的配置，要据此而确定。这样分类，就比较容易对项目实行评估和考核。

组织实施的过程是破解难题的过程，即使立项，解决起来也不会一蹴而就。项目组长从各科室或有关单位招兵买马，这个过程是对每位员工的检阅。这样一个简单的调整产生了内在的压力，大家从一人管一块、各扫门前雪的体制中走出来，面对的是能不能被新的项目组选择、一旦被选择了又有没有能力干好的问题。应该说，压力分散在每一天、每一件工作中。但压力其实是人生的需要，是自我实现的需要，项目管理给每个人创造了机会。重要的是，你敢不敢面对，能不能最大限度地去利用。

在实施项目过程中，需要重新为自己定位，没有了原单位里的头衔，没有了原环境中的纠葛，工作起来可能更超脱；项目一旦结束，队伍随之解散，也没有人际关系上的后顾之忧。但同时也是对人的考验：不断面临着新的选择，能否被新的团队认可，在项目中如何有所作为……这一切用机遇与挑战并存来形容是十分贴切的。

目标评估既包括对整个项目目标实现程度的认定，也包含对项目中每个成员贡献的认定。当然评估是建立在项目组自评基础上的，但重要的是，我们的评估是立足于调研和了解情况的。评估的过程也是我们培训员工的过程，共同的参与，观点的交锋，智慧的互助，心灵的碰撞，这样的学习事实上远比坐在办公室里有效得多。

校长的教育资源意识

在美国访问学校，常常会为学校充足的教学资源而惊叹，也常常会被校长的精打细算所折服。

在华盛顿州半岛学区的港湾高级中学，整个学校大楼的中间就是一个很大的学生餐厅。我们走进学校的时候，正是学生用餐的时间。校长迈克告诉我们，因为学生多、餐厅小，全校的学生要分三批进餐，但只要合理安排上课时间，解决这个问题并不困难。果然，不到20分钟，1900名学生便就餐完毕。然后，同学们把带轮子的餐桌推到旁边，餐厅立刻变成了两个球场。美国的中小学，没有多少学校有专门的餐厅。在他们看来，搞那么一个很大的建筑，却只是在午餐的时候用上十几分钟时间，这种浪费太不可思议了。

走进学校图书馆，发现阅览室的一角早已摆放得像一个报告厅，演讲台、听众席、书记席一应俱全，那是专门安排用来向我们中国教育代表团介绍情况的。当我们参观完校园又回到图书馆的时候，临时组建起的"报告厅"没有了，满是精神食粮的阅览室里又搞起了招待代表团的午餐会。让你既感受不到铺张，又不会认为小气。

我随手翻了一下学校为学生及其家长准备的《课程手册和注册指南》，从中可以看出学校的良苦用心。这个手册的第一页，是校长致辞："亲爱的各位家长和同学，作为港湾高级中学的校长，非常荣幸向您奉献这本我校 2003—2004 学年的学科目录和注册指南。本指南将有效地帮助您获取达到毕业要求的重要信息、感兴趣的课程介绍，帮您完成课程选择。在您选择课程后，我们将开始安排学校的各项日程，聘请教职工，购买日用品、课本和相关设备。因此，请您慎重选择您的课程。此外，报名者的数量和班级的选择也是我们下一年是否开课的依据……"从这里，我们可看出学校的资源建设是围绕着学生展开的，而不是相反。创造适合学生的教育，而不是让学生去适应学校已经拥有的一切。学校对资源的珍惜，对组织资源的慎重，由此也可见一斑。

打开学校的网站，首页上有一个学校教职员表，一个有趣的现象引起了我们的兴趣。在全校 15 类 90 多个教职员中，差不多每一类都用小数来表示人员的数量，其中有 0.6 个教务长、4.5 个咨询员、53.6 个教师、0.4 个护士等等。原来，学校的教职员有好多都是一人两用甚至几用，有的既是优秀的化学教师，同时又兼做护士；有的既是咨询员，又是技师。还有一些岗位所需人员没办法从学校的固定职员中聘任，学校就从社会上招聘一些有教师资格的专业人员。精打细算的校长们，往往不会因人设事，他们的原则是因事设岗，需要多少，就聘用多少，于是，就出现了一些如上所述的零碎的岗位工作量。有多少工作量，才有多少薪酬，所以，一位教师是不会长期呆在不满工作量的岗位上无动于衷的。相互兼职、跨校兼课，也就变得十分自然了。

与美国的校长交谈时，他们往往喜欢谈到一个我们在学校里很少提及的话题，就是学校教育资源对社区的贡献。在美国，学校的图书馆什么时间向社区开放，运动场什么时候可以举行社区比赛，都有明确的规定，而且每所学校都通过网络或其他手段向社区公布了服务电话。在港湾高级中学，我们发现，学校在网站的首页上把学生使用体育馆、会堂、游泳池、运动场的日程表向社区公布，其他时间则全力满足社区居民的需要。

钱是怎么花出去的，又是美国的校长必须关注的一件大事。港湾高级中学网站的首页上就有一张示意图，是学校向社会、家长所作的一个资金使用报告。从中我们不难发现，其用于教学的资金比例之大是我们难以企及的。

因为工作关系，笔者曾经对国内一些学校的天文馆使用情况作过调查，结果发现，大部分学校竟有90%以上的学生没有到过天文馆，更不要说做什么天文观测了。几十万的投资，有时候仅仅为了供领导视察，供客人参观，这样的花费实在可惜。

我们有常年装满档案、又常年不见有人进出的高等级的档案室，但我们自己都不知道这些档案到底是用来干什么的，一个直接的原因，是为了档案室的达标，究竟这些档案室对学生和老师有什么作用就不甚了然了。再看一看我们的许多学校，什么都有专用的：会客室有专门的，会议室有专门的，在一些很有派头的学校甚至都已经有了供校长专门开会的地方。可是，教师却没有专用的阅览室，没有资料室，没有评课室，连学生社团都没有像样的活动场所。我曾经对一些学校直接用于学生的建筑和非教学用房作过统计，发现由于校长教育资源意识的不同，学校在资源分配上有着巨大差异。

第五辑 学会终点思考

不要像一般的人一样生活

在我笔记本电脑的桌面上有这样一句话："不要像一般的人一样生活，否则你只能成为一般的人。"

把这句话反过来说，也许我们会更加清楚：如果你想成为不同一般的人，那么，你就不能像一般的人一样生活。

我的一位老领导总是喜欢跟我们那些希望事业得到超常规发展的同事说这样一句话：你没有超常规的思路，你没有超常规的办法，你也没有超常规的措施，你又想达到超常规的目标，这怎么可能？

是呀，这怎么可能！你想成为不同一般的人，但你却像一般的人一样生活、一样工作，和一般人有一样的追求、一样的思维方式，像一般人一样地朝九晚五、一样地春种秋收，你凭什么可以成为不同一般的人！

我当然不敢说，我们已经不像一般的人一样生活了，但我却可以说，我正在与我的同事们相约，尝试着这样做。

一般情况下，大家往往对上级的指示"不走样"地贯彻执行，并以此为荣。而在我们这里，却常常要求大家"走样"，我们叫"创新工作成果"。而且，这个成果已经成为评价每个部门、每位员工的重要指标。

一般情况下，大家喜欢经营自己的职业，特别是级别、待遇、房子等等，我却经常忘掉这些，拿出更多的精力和时间去不断挑战自我，不断刷新自己，尝试新的工作方式和生活方式，给自己制定一些乍看上去有些不可思议的目标并全力去实现它，自己给自己一些惊喜，我把它看作是人生的自我奖赏。

一般情况下，大家都只能"在其位，谋其政"而已，但仅仅如此，肯定只能成为一般的人。我要求自己除此之外，还要种好自己的"自留地"。在"自留地"里，常常意外地开出别致的花，结出独特的果，尽管打不了多少粮食，却往往能给你意外的收获。

一般情况下，人们都是在学校里学习知识，到社会上运用知识，而我却深知自己在学校里获得的知识的浅薄和粗疏，所以从参加工作之初，就开始不断地向书本学习，向实践求教，只要听到先进的东西，就立即前往求学，其中的收益岂可以车载斗量？

一般情况下，人们往往是干什么，才学什么，对一些于谋生"无用"的东西或不屑一顾，或无暇顾及。而我却喜欢买一些与主业"无关"的书籍，了解一点与主业毫无干系的东西。

一般情况下，人们喜欢读一些流行而又时尚的书籍，我却往往喜欢读一些不合时宜的东西。譬如，以学生为中心的观点已经席卷校园的时候，我却重新找来了凯洛夫的《教育学》，才发现我们对凯洛夫的批判并不公允。

一般情况下，人们把工作与休息区分分明，而我却经常把它们混在一起，从宿舍到工作单位要走40分钟，对我来说，是难得的休息；而走得有些汗津津了，再坐到办公桌前处理一些事情，更是一种休息；外出开会、讲学是难得的休息，因为比起在家里来，那确是单纯多了；而回到家里，没有了外出的颠簸，则也不乏是一种休闲。

我已经记不起这是谁说的一句话了，但它却教我走上了一条属于我自己的道路。这句话说起来轻松，但沉下心来想想却回味无穷，它时时警策着我：不要像一般的人一样生活。

学会终点思考

一个人在思考自己人生方向的时候，有一个非常重要又实用的方法：由终点开始思考。譬如说，人生七十，你可以先想好 70 岁你想干什么，达到什么程度，身边会有什么人……当这些明确了以后，你就会知道你 50 岁的时候自己应该在哪里，已经完成了些什么；再推想 40 岁、30 岁以至于今天。

因主持中央电视台"正大综艺"栏目而红透了半边天的杨澜，在她最红的时候却突然从央视节目中消失了，不再主持中央台收视率最高的黄金栏目。在许多人为她惋惜的当儿，她自己却躲到国外进修学习去了。用她自己的话说，就是要"挑战一下自己"。

很多人都不能理解，不明白她葫芦里到底卖的什么药。其实她的想法很明确，她喜欢当一个有智慧的主持人，当一个靠人格魅力赢得观众的主持人，而不是靠年轻、脸蛋吃饭。她希望自己在迈入老年之后，还能够继续自己的事业。所以，她暂时告别了令人陶醉的金话筒。

今天，当你再来看杨澜做的节目的时候，你很可能又发现了一个全新的杨澜——一个已经是两个孩子妈妈的杨澜，以内涵和气质赢得了观众。好评如潮，靠的是自身修养。从战略上说，是"终点思考"的人生韬略帮了杨澜的大忙。

　　大学毕业后，大概在四五年的时间里，我那些比较要好的同学大都跳出了校园，有的下海经商，有的做起了公务员，而且一个个都做得十分出色。我也有些按捺不住。可是当我真的进行"终点思考"的时候，我冷静了许多：那些终点目标都不是自己梦寐以求的。下海经商最好的结果是挣了花都花不完的钱，而自小受家庭熏陶也好，受儒家影响也罢，花都花不完的钱向来就不是我这一生追求的最终目标。既然如此，我何必下海？而做官呢，我还是有自知之明的，凭自己的个性、气质甚至包括背景，我都不可能成就什么大事业，虽没在官场体验，但作为旁观者也略能看出一二，尤其叫自己难以接受的是，往往是正当事业辉煌的时候却因为年龄的原因而没有了舞台，而这样的舞台却没有办法为自己重新搭建。

　　"终点思考"使我又按捺下了自己，开始在校园里潜心于舌耕笔耘。

　　后来，领导了一所学校，"终点思考"又一次帮了我。刚开始接手一所新的学校，总是急于改变一些什么，嘴上说不烧三把火，不踢头三脚，可脑袋里还是有些发热。为了应付一时的检查、评比，给学校创一些名气或牌子，常常把老师们折腾得精疲力竭，一时半晌也就罢了，问题是这样的事情一直有增无减。一段时间下来，学校的奖牌是多了，可同时也出现了一些不好的苗头：老师们似乎没有人再找我借书了，碰到一块儿也不再像过去那样交流各自的读书心得了，研究学生的风气也在衰减。学生变得有些浮躁，原因是课堂上的老师有些浮躁。我开始静下心来思考我的办学理想。我的目标是把学校办成一所省内外一流的特色学校。要达到这样一个目标，首先需要的就是教师的一流。而教师的一流不仅仅来自于学校的刻意培养，更来自于一个可以激发生命活力的机制，来自于教师自我发展的内在动力。如果按照刚开始的那种方式管理学校、要求教师，实现目标就是一张空头支票，南辕北辙就在所难免。有了这样的思考，就有了这样一些措施：研究一套建立在全新管理观念之上的、致力于节约被管理者时间的管理模式，只有老师有了属于自己的时间，提高素质才有了可能；允许老师们种一些"自留地"，张扬教学个性；培养有个性的学生，首先要允许有个性的教师发展；应该提倡个人的自我实现，鼓励人人制定"个人成长方案"，做成名成家梦。

很快，我们许多老师在一些领域崭露头角，有的还真的成了省内外知名的专家。校园里弥漫着向上的空气，老师的成功，影响到了学生的成功，学校发展进入了加速度冲刺的阶段。

"终点思考"其实很简单。在日常生活的旅途中，我们知道，要9点钟搭乘飞机，8:20分就应该到达机场，7点钟就应上高速公路。但是在生命的旅途中，我们却常常犯这样的错误：不是迟迟不肯出发，就是出发之后中途又犹豫不决，或者眼睁睁地看着时机与自己交臂而过，永不再来。仔细想来，错误的造成，很大程度上在于没有进行"终点思考"。

在成就学生的同时成就自我

我向来不赞成把教师仅仅看作是蜡烛、春蚕、铺路石一类的角色。那种把一类人的工作视为仅仅是为另外一类人献身，一类人悲剧性地活着仅仅是为了造就另外一类人的幸福的说法，其实已经与我们这个世界本来的初衷相去甚远。

教师应该是"托起太阳的人"，但同时，教师这个职业也应该是太阳底下最光辉的职业。一个教师在成就学生的同时，也应该成就自我。

那种把教师视为悲剧角色，把教师这个职业仅仅视为铺路石职业的人们，其实对人生的认识出现了偏颇。他们太看重轰轰烈烈的壮举，岂不知，点燃心火是最了不起的事业，尽管它表面看起来似乎平平淡淡。点燃心火的人是更为崇高的英雄，虽然他的工作看起来并不轰轰烈烈。

然而，在一些普通的中小学校里，不少教师的人生目标起点不高：仅限于把课本知识较好地传授给学生，不至于误人子弟就行了。很少有人想到在教学过程中提高自己的能力，挖掘自身的潜能，实现自己的价值，使自身生活达到一种人生的新高度，让"自我"发出生命的光辉。教师的个人愿景处在休眠状态，这不能责怪教师。出现这种状况，有社会原因，但作为校长，首先应当想到自身的责任。实际上，学校的管理者不但有责任，而且应当有能力唤醒每一位教师、每一位员工的生命潜能，让每一个人实现自己的价值。否则，你就不能算是一个称职的校长。而要做到这一点，你为教师设计的愿景就必须是高层次的，富有魅力和感召力的，要有一种让每一个人都热血沸腾的力量。

基于这样一种认识，我们在学校的老师中间开展了"在造就学生中成就自我"的系列活动，尽可能地创造一个让全体教职工发挥其潜能的氛围和环境，让每一个人在学校都留下一段美好的记忆，让学校成为每一个人成才的基石，并把这化为一个鲜明而又响亮的口号：让学校的每一个人都成为英雄！

要想让人人都成为英雄，就要创造条件，营造氛围，铺设台阶，让人人都感到受尊重，都尝到成功的喜悦，感到作为学校一员的光荣和自豪。

首先从物质生活上关心每一位教职工。为此，我们建成了高标准、高质量的幼儿园，解决了教职工子女入托难的问题；新建和翻修房屋 3120 平方米，使 25 户无房户有房可住；为 12 对两地分居的教师联系调动，使他们家庭团圆；为青年教师做红娘，使 8 对青年教师喜结良缘，并且为他们举行了别开生面的集体婚礼……

生活问题解决了，又进一步在事业上为每一位教职工铺设成为英雄的台阶，营造"争第一光荣，创优秀可嘉"的氛围，鼓励每位教职工勤奋工作，创造一流成绩。首先是设计自我，确立自我实现目标，然后是分解计划，落实实现自我的具体措施。学校该提供些什么帮助，也在这一个环节中落实下来。当然，整个活动始终要贯穿"把自己与学生的前途命运结合在一起"的思想，目的是让老师明白，如果你创造一个奇迹，那么这个奇迹也同时造就了你自己。

在我们学校，还有一个让老师们心驰神往的地方，那就是"教师成果展厅"。这里面写满了荣誉，洋溢着自豪。踏进去，她的庄严和浩瀚会使你受到感染，使你不由自主地惊叹，以至于流连忘返。展厅共分三部分。第一展室为"荣誉篇"，展台上摆满了老师们在教学工作中获得的荣誉证书和奖章：从全国教育系统劳动模范到校级"教坛新秀"，从市级教学能手到校级"模范班主任"……这鲜红的证书和闪光的奖章，是对教师无私奉献的最高奖赏。第二展室为"著述篇"，展台上那一本本教学论著，一篇篇有独到见解的论文，无一不是教师智慧和心血的结晶。第三展室为"丰收篇"，这里摆的是学生参加各种竞赛获得的奖杯和荣誉证书。有全国中学生数、理、化奥林匹克竞赛的荣誉证书，有全国"圣陶杯"作文大奖赛的奖品，还有在山东省学生文学艺术作品博览会上获得的奖杯……这一件件奖品、一个个荣誉的主人是学生，但荣誉的背后却有辅导教师的身影。

"让每一个人都成为英雄"，不只是表彰先进，还有一个让每个人都感到"大家都在关心我、尊重我"的问题。为此，学校工会组织开展了"四中人在四中大家庭"联谊活动：为年满 30 岁的青年教师赠送牌匾，鼓励他们在而立之年努力奋斗，创造辉煌；为结婚 20、25、30、35 年的教职工夫妇和男满 55 岁、女满 50 岁的教职工举行庆婚活动和祝寿活动；为单身职工免费提供生日午餐；年终为教职工子女发放礼品，并向所在单位发感谢信，赠送礼品……

关心尊重每一个人，为每一个人创造成功的机会，让每一个人都感受到学校"大家庭"的温暖，感受到作为一个大家庭成员的责任和光荣，感受到自我在这个大家庭中的存在，和对这个大家庭的价值。

这样一来，老师们终于都找准了自己的坐标。于是，校园里既有同学们的七色阳光，也有老师们的金色爽朗，老师们灰色的生活变成了金色的人生。

给教育一些"闲暇"

我知道这是一个过于理想化的命题。

但我也知道，这毕竟应该成为我们孜孜以求的教育理想。给教育一些"闲暇"，给孩子们一些"闲暇"，也给我们的教师一些"闲暇"。只有如此，我们的教育才能真正走出浮躁，走出急功近利。

美国纽约大学教授尼尔·波兹曼经过认真考证后发现，"学校"这个概念显然是希腊人发明的，在希腊文中，"学校"一词的意思就是"闲暇"，在他们看来，只有在闲暇的时候，一个文明人才会花时间去思考和学习。

原来如此！

我的一位朋友，曾经在她经营的一所民办学校里，给老师和同学们创造一些聊天的机会，让大家在自由自在、无拘无束的谈话中收获成熟。在她看来，聊天可以聊出智慧，聊天可以聊出灵感，聊天甚至可以聊出神奇。考察英国的伊顿公学，发现它同样有一个让师生聊天的时间。每逢周末，每位老师都要带十位学生回到自己的家里，老师与孩子们一起做饭，一起游戏，在轻松自若中各自都敞开心扉。事实上，在聊天中，真才能驻足，情才能弥漫，教育也才能真正奏效。有人曾经对伊顿的毕业生作过一次调查，调查发现，在母校的所有活动中，他们认为最应该保留的项目竟然是周末的聊天。

想一想罗素的成长经历吧，他之所以能够成为伟大的哲学家、数学家、逻辑学家和社会思想家，并获得了诺贝尔文学奖，并不是由于学校的系统训练，恰恰相反，用他自己的话说，正是由于16岁前他始终没进学校，而一直在家里与祖母闲聊。甚至后来他进入剑桥大学之后，对他影响最大的也并不是正规的学校教育，而是同著名学者怀特海等人的聊天。

这的确有点让我们这些从事学校教育的人难堪，也的确耐人寻味。

莎士比亚曾经在《亨利六世》第四幕中，借剧中人之口，怒斥学校教育之弊端："你存心不良，设立什么文法学校来腐蚀王国的青年……我要径直向你指出，你任用了许多人，让他们大谈什么名词呀，什么动词呀，以及这一类的可恶的字眼儿，这都是任何基督徒的耳朵所不能忍受的。"

当然，对于创办学校而腐蚀了王国青年的说法，我们并不敢苟同，但是，我们从中倒是可以发现，那些用琐屑和无聊充斥学校生活，挤占孩子们闲暇时间的做法，终究是不受他们欢迎的。

很喜欢苏霍姆林斯基的那个帕夫雷什中学，从苏翁的笔下，我们看到，孩子们在草场上嬉戏，在旷野露宿，在野外炊事，在自建的夏令营里生活，在自己栽种的葡萄树下采摘着果实，在凉亭里做着家庭作业，在野外的新鲜空气中看书讨论：学校已经真正成为孩子们向往的地方。

很向往《论语》里描绘的那个境界，孔子与弟子们"莫春者，春服既成；冠者五六人，童子六七人，浴乎沂，风乎舞雩，咏而归"。看上去颇有点优哉游哉的闲情逸致，其实这才是诞生孔门七十二贤的土壤和空气。

我们现在已经很难感受到这样悠闲恬静的学习氛围了，我甚至有点怀念起文革中的小学生活。记得有一年冬天，我们的班主任老师不时地被勒令到中心学校去接受批斗。每当这个时候，没有了老师的我们便围在火炉旁进行一个烧石灰的实验。我们把校园里用来盖新房子的石头敲打成碎块，检验着可能烧成石灰的石头品种……"闲暇"里发生的故事，却成为小学美好时光的永恒！

　　当然，给教育一些"闲暇"，单纯靠校长的能力是没有办法完成的，需要我们教育部门乃至全社会的共同努力：我们的考试制度需要变革，我们的课程方案需要完善，我们的用人观念需要改变。等到有一天，我们的学校真的让学生、让教师有了更多的"闲暇"了，我们才可以说，我们的教育已经开始走向常态，走向成熟。

为了教育的自由呼吸

　　我是从教师、校长的位置走到教育局长岗位上的，有人说，屁股决定脑袋。事实上，我们曾经在什么岗位上待过，从某种程度上同样继续影响着我们的决策。所以，潍坊市的教育改革也就自然更多地带有教师的眼光和校长的追求，如果把这些眼光和追求进行聚焦和汇集，其中的价值观也显得特别简单，那就是为了教育的自由呼吸！

　　长期以来，人们已经习惯于把教育局长当作一位"大校长"。许多时候，我们当局长的也在不自觉地扮演着这样一个辛苦的角色：学校有教学工作，我们组建一个教研室；学校有后勤事务，我们设置一个供管站；学校的信息技术突飞猛进，我们就只好设一个电教馆了……一句话，学校有什么工作，教育局就设一个什么部门来管理学校的这项工作。我们不是把学校当成一个具有独立法人地位、能够自主发展的"成人"，而是始终认为它是一个未成年的"孩子"，因而管得琐碎而又具体，管得令人无可奈何而又心生厌恶。于是，这种自上而下的管理机制，必然造成学校管理的被动应付和唯上主义，真正在校园里落实学生为本、学生中心，绝大多数校长显得力不从心。

　　到教育局工作之后，我不希望做这样的"大校长"。长期的学校工作经历告诉我，只有当学校有自主发展的空间时，学生才能够自由呼吸；要想培养具有独立人格的学生，首先要从塑造具有独立精神的学校开始。于是，自 2001 年开始，潍坊市的教育改革在原来扎实的工作基础上一路过关斩将，通过改革还给学校招生自主权、人事聘任权、经费分配权和职称评聘权，归还学校应有的权力成为近五年教育改革的主题词，大大小小的改革紧紧围绕着调整政府与学校的关系、最大限度解除学校身上的枷锁、为校长松绑而有序展开。因为，我们追求的目标正是为了学校的自由呼吸。

当然，改革给教育行政部门带来的并不是轻松与放纵，规划、监督、督导也必不可少。"我思当我思，我做当我做"，职能的转换带来了全新的工作方式，也带来了全新的挑战。

关注课堂教学，改变学生的课堂生存状态，改变学科认知和教师教学的行走方式，是我们近年来始终不渝推进的另一项重点工作。为此，我与我的同事们经常到校园里听课、评课，既研究问题，也总结经验。推进课堂教学改革，让学生在课堂里自由呼吸，让师生共同演绎生命与成长的精彩，成为我们全市教育工作的重中之重。于是，有人表示惊讶，有人感到好奇，似乎这样一些芝麻小事不值得一个地级市的教育局长来管。但我始终认为，教育局长如果不关注天天发生在课堂里的事情，不关心孩子们最基本的生存状态，这才是本末倒置。你能做的一切，包括政策的改变，资源的整合，教师的培训，最终的效果也应该反映在课堂里孩子们的脸上和心里。我始终认为，每一个学科都可以找到一种孩子们喜欢的学习方式，每一个课堂都可以创造出精彩，激发出生命活力。其实，素质教育并不神秘，当每一个孩子在课堂里都能够自由呼吸，当每一个课堂都让孩子们获得成功的时候，教育也就自然而然地成功了。

从哪里寻找教育的力量

在教育实践活动中，我们经常听到一些教育工作者的抱怨，认为我们所处的社会环境太差，妨碍了学校素质教育的实施，破坏了教育工作的有效性，有的甚至很感慨地说"学校教育五整天，抵不过大街转一圈"。于是，面对着高耗低效的教育现状和自己不可能改变的社会现实而不知从哪里寻找教育的力量，许多教育工作者茫茫然进而愤愤然。

这些抱怨针对的显然是社会，可仔细想来又很不对味，因为教育本身就应该植根于或立足于社会，谁也不能办一所脱离尘世的空中学校或把教育变成只有在真空里才能适应的东西。这样一来，探讨这个问题的着眼点就十分自然地转到了抱怨者自身。其实，我们真该思考一下我们学校教育的问题了，五天的教育效力竟然抵不过一天甚至一小时的社会影响，这应该是我们教育的悲哀。我们的教育如果真的是这么脆弱的话，那么，教育的根基肯定是需要调整的。认真想来，过去的教育都搞了些什么呢？过分理想化、虚无缥缈的东西太多了，我们用连我们自己都不相信的东西教育我们的学生：我们是辩证唯物主义者，却从不告诉我们学生社会的丑恶；我们是历史唯物主义者，可我们却不愿意让学生知道在没有到达美好的明天之前，我们今天面临着的是如何艰难的跋涉；我们最迫切的任务是往我们的脚下垫石头，可我们的教育却花了几乎全部的精力去教学生如何成功地摘取月亮；我们一味地告诉学生万里无云、太阳当空，可当学生在遭受了暴风雨的袭击之后带上一把雨伞又有什么不好？我们一再灌输的是"大河里有水小河里满"，以至于在个人利益与集体利益的关系上，把"公而忘私"、"无私奉献"、"舍己为人"强调到了人们难以接受的程度……其实，从自然界的客观规律上说，学生们更加容易理解的却是"小河里流水大河里满"。说到底，我们的教育距离现实太远，以至于当学生对社会有了一些初步的体验之后，便开始怀疑起自己的老师，怀疑起自己所受到的教育，这其实是再自然不过的事情了。如果学校和社会这种不成比例的影响力真的存在，那么，我们有理由来问，我们的教育到底干了些什么？

写到这里，我想起了王蒙曾经说过的一句话：我们不应该没完没了地进行脱离实际的理想主义宣传，过高的理想——乌托邦灌输，最后往往将自己的军，使自己远远达不到吹胀了的期望值，而造成自己处于尴尬的境地。教育的威力在于"可信"，讲得天花乱坠不行，说得前程似锦也不行，关键在于它是不是事实。客观冷静地去面对事实，引导我们的学生学会思考，学会处事，努力去选择一条科学的处理问题的思路，这才是教育的本分。惟此，教育也才真正有威力。

是教育为自己把脉的时候了。

第六辑 张扬教学个性

个性空间"没有个性"

在某地考察一所在当地颇有名气的小学时，主人带我们参观一个被称为"个性空间"的大楼。进去才知道，所谓"个性空间"，其实就是一个学生课外活动的场所，学生在里面弹琴、吹箫、舞蹈，乍一看热热闹闹，可再仔细看看，就感到有点不对劲。

阅览室里，读书的学生有站的，有坐的，可站的都是同一个姿态，坐的都是同一个标准。尤其叫我们难受的是，席地而坐的孩子们不仅手里拿书的高度个个相同，而且连盘腿的弧度都是一样的。主人本来可能是想向我们展示学生在阅览室里的自由，可这种统一的"自由"实在令人悲哀。我认真看了一眼他们半空的书架，发现大都是适合小学中年级学生阅读的书籍，低年级和高年级学生基本上无书可读。至于科普、历史等类书籍更是凤毛麟角。在这样一个阅览室，我不知道怎么培养个性。而合唱团、器乐队的排练，更叫我们不安。小队员们一个个面部表情紧张，生怕出什么差错，三分的精力在表演，七分的精力在瞥着我们这些考察的人们。

我强烈地感受到，"个性空间"里的孩子们似乎都在努力成为和别人相同的人，都希望成为讨别人喜欢的人。"个性空间"里的孩子们，最终可能都有了一些特长，但他们却在悄悄地"消磨"着自己的个性。

所谓个性，包括个性倾向性和个性心理特征。前者指人的需要、动机、兴趣和信念等；后者指人的能力、气质和性格。这两个方面的有机结合，使个性成为一个整体结构。苏霍姆林斯基在他的个性全面发展观中，特别强调人作为一个不可分割的整体，在道德的、智力的、情感的、审美的、创造的等各个方面的协调发展。人是一个整体，个性当然也是一个整体。一个艺术家，不应该仅仅是一个用乐器奏出优美旋律的人，还应该有艺术家的眼光、艺术家的胸怀和艺术家的情操。一个运动健将，不应该仅仅跳得高、跑得快、拿得到奖牌，而更重要的是用那种力争上游的精神去感召人。这样说来，个性的培养就显得不是那么简单——不是说谁学会了吹笛子，于是吹笛子就成为他的个性；谁学会了草编工艺，草编工艺也就成了他的个性。重要的是，在这些兴趣活动中，你给了他的更重要的情感、智力、道德和审美的东西是什么，你有没有为他的人格锻造淬火。如果你给他的仅仅是特长，那这就不算是什么"个性空间"。

过去，我们用枯燥乏味的练习、作业充塞学生的时间、空间，学生处于被动的、疲惫的应付状态，没有了自由，个性自然没法发展。但是，我们切不可走到问题的另一个方面：表面上，给学生更多的空间了，将他们从单纯的必修课里解放出来了，事实上却又让他们陷入了所谓"自由的泥沼"。在表面的自由下，学生必须学会这一个特长，必须练就那一番功夫，甚至连培养什么样的"个性"都由教师给设计好了。事实上，教育并不是由教育者替代学生设置模式，个性更不是教育者一拍脑袋为孩子们想出来的，教育不过是创造环境、设置条件、营造氛围，让学生有广阔的心理空间和心灵自由罢了。

最后，我又想起了"个性空间"里孩子们的一个细节，我们的考察刚刚结束，孩子们便飞出了"个性空间"，问他们为什么，回答竟然是"完成任务了"。我为之感到悲哀。他们把"培养个性"的活动看成是做给人看的任务，是在应付学校的安排，在这种造假活动中，形成双重人格的个性也就在所难免了。

小心，切不可培养了特长，却消磨掉了个性！

张扬教学个性

张扬学生个性已经没有什么疑义，张扬教学个性，也已经提了出来，但提得似乎还不够响亮。

没有教学的个性，怎么会有学生的个性？如果我们的教学像工业流水线一样生产，像计算机程序一样运行，我们学校的"产品"——我们的学生会是怎么一个样子？

所以，我们有必要认真地思考一些有关教学个性的问题。

不同的学科应该有属于自己的教学个性。长期以来，我们用同一个模式来组织不同学科的教学，拿同一个标准去衡量不同学科的课堂，使课堂教学千篇一律，缺少生命活力。不同的课型应该有不同的教学模式，应该有自己的教学个性。在多年的教学实践中，我们总结出的诸如活动体验型、创设情境型、专题研究型、问题探究型、自主学习型等教学模式，通过教师根据不同的教学内容组织选用，收到了较好的效果。当然，要体现不同课型的教学个性，必须建立新型的课堂，要突破狭小的空间，实验室、图书馆、运动场、博物馆等理所当然应成为课堂，还要延伸到社区、农村，延伸到电影、电视和其他各种传媒，延伸到与之相联系的现实生活，延伸到相关领域的新知识、新技术。这样不仅能使教学走向丰富博大，而且更利于学生学活、学好。

　　尤其重要的是，我们第一线的每一位普通教师是不是也可以有自己的教学个性？一个成名了的教师可以"读读、议议"，也可以"讲讲、练练"；具体到第一线的普通教师，约束便多起来。讲多了，是"满堂灌"，讲少了呢，又成了"大放羊"；讲得动情，似乎有点自我陶醉，教得理智，能否打动学生？于是，我们开始设定框子，编织套子，排定程序，先造程式化的教学，再铸程式化的教师，最后便培养出了一批又一批大同小异的学生。而实际上，不同的教师有不同的教学风格：有的以幽默诙谐见长，有的以逻辑严密著称，有的善于以雄辩的口才打动学生，有的则以漂亮美观的书法吸引学生，各有各的特长。

　　没有个性，就没有人才；没有教学个性，就没有课堂的生命。素质教育的主阵地在课堂，让课堂焕发出生命活力的根本在于张扬教学个性。

协商与管理

2003年，我们有一所学校以两分之差没能进入优秀学校行列。

颇有些让人尴尬的是，2003年是这所学校历史上最叫好的一年：学校的各项工作均受到社会各界的普遍好评，不仅高考成绩遥居全市68所高中学校前茅，而且德智体美全面发展，一大批优秀学生脱颖而出，一大批富有个性的学生纷纷被高校选走。出现这种情况，是学校出了问题，还是评估方案出了问题？显然，是评估方案出了问题，而且是在思路上出了大问题。

我们市直学校共有10处，却有6个"品种"：普通高中、普通中专、职业高中、师范学校、特殊学校样样俱全，还有一所教育学院、一处实践基地。面对这么复杂的评估对象，我们的评估标准却是沿用了多少年的一刀切的"老皇历"，从办学思想到办学条件，从教师队伍建设到教育质量，都是一个模子套下来。我们总希望用一个标准，排一个名次，分出个一二三来。

这让我想到了关于一个古希腊的恶神和他的"魔床"的故事。恶神在路边准备了一张铁床，凡是经过的人都要被捉到铁床上去，个子长的截截短，个子短的拉拉长。于是，人都被搞得一样高矮。

我们的评估方案不就有点像这样一张固定的铁床吗？

有效的管理一定是简单的。对学校评估的指标越细，反而越不准确。

面对千差万别的单位、学校，该如何作出科学而又准确的评价？我们想到了协商。

2004 年春天，我们开始探讨协商式评估的途径、方法，得到了市直学校的赞成。

协商式评估的第一步就是要学校自己确定自己的年度目标和长远规划，然后由领导和专家组成的评估组织进行科学评估，一旦得到认可，学校便可以据此制定工作措施，分解责任。很明显，协商是为了促进学校的发展，让他们自己重新认识自我，明确奋斗目标，调整工作策略。协商是为了给学校的发展加油、添柴。

在整个过程中，不仅目标可以协商，评估的方法也可以协商，即使是评估时间这样一些问题，也是可以协商的。

这样一来，每一所学校的评估标准都是不同的，都是个性化的。

幼儿师范学校正在进行新校建设，对学校工作的衡量如果撇开这么繁重的工作量不看，而仍然仅仅关注学校常规工作，是不尊重学校的劳动、不实事求是的。

商业学校正通过与企业合作办学求得在更高水平上发展，合作的成功与否将决定商校能否尽早地进入发展的快车道，所以，年内如果真的合作成功了，给校长记一功应该并不过分。这样的学校，怎么不是优秀的学校？

聋哑学校正在进行教学层次的提升，创办职业高中教育成为学校工作的重中之重，如果其他常规工作能够正常发展，再把高中教育打造起来，我们的特殊教育不又上了一个新的台阶吗？

其实，评价方案不同的道理非常简单：因为目标是不同的，方法也应该不同；因为学校的性质不同，标准当然也可以各异。如果我们的学校年内都达到了我们协商的目标，都成为优秀学校，又有什么不好？为什么一定要用同一个标准，把学校分成三六九等？

　　课程变了，理念变了，时代变了，学校里的好多东西都变了，为什么我们的行政管理不能变？

　　管理者应当借鉴裁缝的做法：量体裁衣。

第七辑　换药不换汤

多一些衡量学生的尺子

在高密一中，我们曾经开展过用多把"尺子"衡量学生的开放性评价实验。有一个学年，我们开发出了近200个奖项。"尺子"越多，好学生越多。一时间，评出的优秀学生成倍增加，也收到了很好的教育效果。

正当我们有些陶醉的时候，一位学生找到了我们，希望学校能够改变评价办法。因为，在他看来，得奖的学生还是在碰"运气"罢了：学校设了奖项的，就可以轻易地得奖；而未设奖项的，尽管你水平很高，也只好望"奖"兴叹，这太不公平了。

当我向他征询意见的时候，他直言不讳地说，希望能够为他专门定做一把"尺子"。因为，在他看来，学校的"尺子"虽多，还没有一把是真正适合他的。

原来，他爸爸是搞装潢的。长期以来的家庭熏陶，使他自幼就喜欢装潢设计，甚至连木工家什也爱不释手。十几年的功夫，他自信在全校无人能比。他希望学校能考一考他的水平。

这件事给我很大的启发，我马上与老师们商量，希望大家能够想出一个更好的办法来解决这个问题。于是，大家集思广益，建立起了"学生技能测试站"，不仅为这位喜欢装潢的学生，而且为所有的学生搭建起了一个更加开放的成长的平台。这个测试站其实是一个与学生协商评价的平台，测试的项目是开放的。如果一位学生认为学校的评价项目不能够满足他的需求，就可以到这个测试站去申请新的测试项目。学生的申请不仅要包括测试内容、测试标准，还要提出测试的方法。这个申请经过测试站的一个认定委员会认可之后，还要张榜向全校师生公示，如果没有相反的意见，就可以按照他自己提出的方案进行测试认定，并以测试的结果为他颁奖。

技能测试站发挥了很好的作用，受到了学生们的普遍欢迎。同学们为什么喜欢这样一种评价方式？很明显，这个评价目标是与他们协商得来的，是建立在对他们尊重的基础之上的；这个评价的方式也是与他们协商制定的，是以他们可以接受的形式来进行的。把尊重作为评价的灵魂，我想，这也是技能测试站受欢迎的真正原因。

许多人都同意这样一种观点，即评价应该是基于学生的成长和成功来实施的，评价措施的运用也应该能促进学生的进步和发展。事实上，每一位学生的成功，都必然充满个性；每一位学生的发展，也必然有各不相同的道路，正如阿姆斯特朗说的那样："如果一个学生主要通过图片来学习知识，那么让他去学习文字性的新型材料，他就会难以掌握材料的主题。相同地，如果一个学生习惯用动作表达，当要他做纸笔测验时，他就会难以表达他所知道的东西。"我们并不希望踏上社会的学生用一个腔调说话，以同样的方式处事，可我们的教育却在年复一年的评价中，以同样的指标去要求我们这些最终要踏上社会的学生。我们的"模具"不变却希望从模具里塑造出的"产品"千姿百态，这种南辕北辙的战略，也未免太天真了些。

既然评价是为了发展，我们就应该选择那些学生们喜欢的甚至是各不相同的方法。要使评价真正适合每一位学生，协商有可能是解决这个问题的良方。

换药不换汤

翻开成语词典，你只能找到"换汤不换药"这个成语，它的意思是说，名称或形式变了，内容还是老一套。

尽管谁都知道这是一个不好的说法，但一到关键时刻，许多人还是自觉不自觉地习惯于用它一把，虽然不是没有"换药"的想法，可万一"闹出什么乱子来"，别里科夫式的人物是不会轻易饶过我们的。

对"换汤不换药"，我有着天然的反感。所以，在工作、生活当中，总是抱着"既换汤，也换药"的慷慨激昂式的理想追求。虽一路披荆斩棘，但也免不了一路短兵相接，一次次的经验教训之后终于明白，其实，在二者之间还有一个可以拿来用一用的策略，那就是"换药不换汤"。

我做校长的时候，曾经在学校里推行教职员工全员聘任制。按说，这与过去的大锅饭、铁交椅相比，确实是换了药方。一般来说，这样的改革常常是兵刃相见，刺刀见红。但我们在换药方的时候，却没有同时换掉药罐里的药汤，因为大家已习惯了罐子里药汤的味道。全员聘任不错，但在第一年的聘任中，全体教职员工却是百分之百地被聘任，大家你好我好全都有活干、有饭吃。有人说，没人落聘的改革也算聘任改革吗？当然！而且是具有战略性的改革。首先，人事关系在静悄悄的改革中发生了质变，由过去的行政任用关系平稳地过渡到聘用合同关系了，大家在心理上已经认可了这样一种关系，这是根本性的革命，也就是我们说的，这是一个换了药方的改革。再一个，在聘任过程中，尽管大家无一落聘，但是，由于我们是分层、分部门的双向选择的聘任，有些员工要到自己填报的第二、第三志愿才被聘任。自己没有被填在第一志愿的理想岗位聘用，直到第二次或者第三次选择才有了岗位，你说这是落聘还是没落聘呢？表面上的没落聘保全了大家的面子，但选择岗位中一而再、再而三地落聘，又悄悄给了人们提高自身素质的动力。有了这样第一次的"换药不换汤"的聘任改革，也就为将来的深度改革奠定了良好的基础。

很佩服美国那个确立了最高法院司法复审权的大法官马歇尔，他在处理"马伯里控告麦迪逊案"时"不换汤而先换药"的谋略进一步奠定了美国三权鼎立的基础。马伯里和马歇尔同是被亚当斯总统在退位前夜任命的"半夜法官"，杰斐逊政府国务卿麦迪逊曾以马伯里不履行行政程序为由，拒绝任命马伯里为法官。于是，马伯里以1789年制定的《法院组织法》中规定法院具有行政命令权为根据，向法院提起行政诉讼，要求法院"命令"政府任命自己为法官。可是，大法官马歇尔这位与马伯里"一个战壕里的战友"却以1789年制定的《法院组织法》违背宪法为由，宣判马伯里败诉。从事件本身来说，政府赢了，议会赢了。可是，真正的赢家却是最高法院。因为，即使是国会通过的法律，只要最高法院判决它违背宪法，它就会变成一纸空文，这实际上等于向世人宣告了最高法院的司法复审权，从而使国会和政府的行为成为最高法院审查的对象。一起官司，马歇尔不动声色地让自己的同僚败了。但是，他却同时为美国真正意义上的三权鼎立的民主政治，换了一剂极好的处方。

取消中小学校长行政级别，根据业绩对校长实施职级管理，也是目前体制下既可以舒筋活血、也可能伤筋动骨的改革，搞不好也说不定会"闹出什么乱子来"。所以，改革之初，就仿效了过去自己认为俗不可耐的"老人老办法，新人新办法"的老套，把原来校长们已经取得的行政级别全部保留，但也全部装入了档案。既让既得利益没有受到损失，面子上留了一把；同时，又不因为保留的级别而影响改革的价值追求。级别还在档案里，但药方却已经大变。尽管改革之初我们并不急于"火烧三把"，但是，温火焖出的沸点，最终会使新药发挥出不同寻常的药力。

"换药不换汤"实际上是对暂时还没有理解改革的人们的等待，也是让人们最终能够直面改革的策略。通过这样一种方式，首先让大家清楚，改革并不可怕，完全可以坦然地面对。当人们发现改革也不过如此，甚至可以给自己带来光明的时候，再慢慢地加薪釜底，使换好的新药药力升腾，以求得最佳的改革成果。

管理中的数学思维

在高密一中任校长的时候，有两位副校长都是教数学的，他们在管理工作中的思维方式给了我许多启发。

衡量学生的成绩，过去一直沿用的是排名次的方法，很明显，这样做严重挫伤了后进学生的自尊心。取消名次，把成绩视为学生的隐私，深受学生欢迎，但却不能叫家长满意。再说，学生本身也需要了解自己的学习状况。怎么办？于是，他们开动脑筋，运用数学思维，想出了一个用"比值"衡量的办法。每次考试后，我们把级部前5名学生的平均成绩确定为1，且向学生公布，其余的学生则以自己的成绩除以级部前5名学生的平均成绩，所得的商即为自己的"比值"。以此来自我衡量，特别便于自己和自己比较。这样一来，既把分数当作了学生的隐私，又避免了学习上的盲目，皆大欢喜。

评价教师的问卷调查量表，过去都是各个项目一样的权重，从"热爱学生"、"民主平等"到"下课不拖堂"，每项的满分全是10分。这样一来，评价的结果并不公平。后来，经研究发现不同的项目应该有不同的权重，这个权重当然不应该是拍拍脑袋想出来的，它应该来自于学生。于是，我们在全校学生中间开展了评价指标大排序的活动，让同学们排列出"我最爱戴的老师"应具有的最重要的指标。从最重要到最不重要，依次排序，汇总全体同学的结果，予以梳理，用数学的方式计算一下，最后才明白，如果"不拖堂"可以算 10 分的权重，那么"尊重学生"在同学们的眼里起码要得 30 分。这又是数学思维给我们的一个十分简单却又怀疑不得的道理。

曾经听过一个著名的"数豆子与决策"的案例，说的是在新加坡国立大学的管理课堂上，教授要学员们轮番数装在瓶中的大豆，一个人数，两个人数，四个人数，八个人数，十二个人数……最后把不同人数数的结果予以汇总。结果发现，六至八个人数的结果相加最准确；从人员上看，专门从事药房工作的药剂师比其他医师们数得又要准确得多。教授想要告诉学员的是，为什么 6 至 8 个人共同决策的结果最合理，为什么一个决策班子里需要专业人员。

为什么在这样的课堂上特别能使人们受到启发？什么道理？数学的道理。所以，后来我一直比较注意从数学的角度思考一些问题，由此避免了不少失误。

关注问题背后的问题

还是在高密工作的时候，市电视台的一位记者来采访我，一见面就非常生气地告诉我，早上让孩子气得七窍生烟——刚过中秋，可孩子硬是嚷着要戴棉帽子上幼儿园。说完了，这位记者百思不得其解地自语道，难道这孩子有什么毛病？

凭经验我感觉这问题的背后有一个真正的问题。果然，第二天，这位记者从爱人那里弄清了原委，根子还是出在自己身上。原来，前一天他采访回家，已经很累很累，可孩子却缠着要他讲故事，为了让孩子早点睡觉，他就随便应付孩子说，早睡吧，早睡了爸爸明天用汽车送你上幼儿园。孩子特别喜欢坐汽车，就听话地睡了。可是，第二天他急着上班，早把用汽车送孩子的事给忘了。可孩子却没忘，但慑于爸爸平时的权威，孩子不敢直言，于是，就上演了那么一出荒诞剧。

这个故事说得已经很清楚了，治疗孩子"怪病"的药方，不是给孩子吃药，而是需要改变爸爸对孩子不讲诚信的毛病。秋天要戴棉帽子的背后，有一个更大的问题在里面，我们应该关注的是背后这个问题。

我做校长的时候，有一个时期，校园里学生扔馒头的现象特别多。德育处的老师建议对学生进行勤俭节约教育，开一个勤俭节约的动员大会，而且还要我作一个主题报告。我不同意开会，而是要他们调查一下在这个问题背后有没有别的问题。经过调查，德育处的老师们还真的发现了背后的问题。什么问题呢？就是我们学校的食堂一直只做二两一个的馒头，有些饭量小的学生吃三两，买四两必然剩一两。食堂又不给学生提供加热饭的服务，学生一周才能回家一次，你不让他扔掉，让他放在书桌里不也是坏掉吗？于是，我们开始研究如何让食堂的服务更加贴近同学们的需求。之后，一两一个的花卷、半两一个的包子全都上了餐桌。这样，校园里再也见不到扔馒头的现象了。

还有一次，新学期刚刚开学，下午第一节课，住校的学生迟到的多了起来。有人找到我，希望严肃校纪，惩治一下这股来势有些强劲的违纪风，甚至惩治的方案也有了：什么迟到一次批评，两次通报，三次停课反省……我没有表态。不是我特别高明，而是我不相信有这么多的学生会突然间冒出来与学校"作对"。我还是希望大家能查一查背后的问题。他们果然发现了一个问题：因为学校扩大规模，学生公寓每层楼的床位从144个增加到216个，而每层楼上的洗漱间不仅没有增大，反而还有近20个坏掉的水龙头没有修好，午休起床后全都要排队洗漱，排在最后的同学就难免迟到。于是，我们不仅马上修好了坏掉的水龙头，而且，还在洗漱间的空闲处新增加了一些水龙头。这样一来，惩治学生的规定并没有出台，但迟到的问题却得到了圆满的解决。

在我们教育局机关，每月都汇总一个工作月报，记录我们教育局内部一月内发生的大小事情，从宏观规划到具体工作的落实，足有几十个项目，其中有一项是对电话费用分解的内容，从中可以看出我们工作落实的用心。

具体说来，就是把每月人均电话费用最高的某一部电话的通话情况全部调出来，让通话人自己分析电话费用居高不下的原因。有一次，一位青年人发现，一个月内整个办公室的电话费用竟有三分之二是他打给自己恋人的，平均每天给远在省城的恋人长途通话达十几次之多。他有些吃惊，更多的则是不安。其实，如果对这样一个举动仅仅从节约费用的角度思考，可能有些微不足道，因为，我们从中要解决的，是更重要的问题。面对着青年人的不安，我们没有过多地批评，倒是首先给了他一个祝福——因为青年人的恋爱本身正是我们希望见到的，但是，我们担心的是，每天这种数量不对称的通话，会不会造成对方恋爱的倦怠，热恋也该有方法。这样看来，电话费居高不下的背后，隐藏着恋爱的危机。于是，我们安排一些有经验的"过来人"给青年人上了一课。

差一点儿与多一点儿

2005年农历正月初八，是我们春节后上班的第一天。因为高考艺术专业考试报名人满为患，我一大早就来到市招生考试办公室研究对策。

上午9点钟，当我正在和招办的负责人一同商量事情的时候，电话铃响了，是教育局一个科室打来的，要求招办派人去拿春节礼品。接电话的人有点莫名其妙，都过了春节了，怎么还会有春节的礼品？追问起来才知道，是教育工会每年送给下属部门领导的爱人的慰问品，一点小意思，只是节前没法送达，一上班就忙活着下通知呢。

我心里感到很不舒服，回去一调查，当事人还蛮有些理由，因为节前他已经安排专人去送过了，只是招办的人早已放假，所以，事情就搁下了；一搁就搁过了春节，他也是上班后才知道的，你说有什么办法？

无独有偶，事情还没有完，不期而至的一个短信又让我哭笑不得：一位老同事在短信里感谢我，说是节后上班第一天，就收到我送去的潍县特产脆皮萝卜。我又一次懵了，这不也是节前的事吗？因为没有时间去看那位退休的老同事，只好安排别人在春节前送两箱萝卜去。不想，过节都一周了，萝卜最终还是迟到了。

我没有再追问事情的原委，因为我知道萝卜迟到的理由可能还有很多很多。一件本来挺好的事情，就是因为当事者做得差了那么一点点儿，于是，失之毫厘，差以千里，我们再也到不了当初我们设定的目的地了。

曾经看到一则消息说，武汉市鄱阳街有一座 1917 年修建的 6 层洋楼，在这座名叫"景明楼"的楼宇度过 80 个春秋后的一天，该楼的设计者——英国一家设计事务所远隔万里来信一封，告知楼的主人：景明楼为本所 1917 年设计，使用期限 80 年，现已超期服役，敬请业主注意。

顾客就是上帝，不能仅仅喊在嘴上，要落实在腿上，要踏踏实实地做出来。80 年之后，仍然不忘自己的客户，顾客至上才不是空喊。其实，卓越，并不需要多做很多；失败，也不过做得只差一点儿罢了。

许多时候，我们做起事情来总是差一点点儿，可是，正是差了那么一点儿，我们却不知失去了多少。

记得刚担任班主任的时候，曾和同学们商量在班里搞了一阵子"杯水行动"。就是为刚刚上完课，马上又到我们班上课的老师在教室里准备一杯开水。因为课间时间很短，有时候许多教师还要帮助同学们解答问题，所以，经常连水也不能喝上一口就又开讲一个新的 45分钟。结果，老师们都十分感动，在我们班上课格外卖力。"杯水行动"是一件小事，但小事却常常可以产生我们意想不到的效应。

做校长之后，曾在学校里制定过两条"特殊职责"。一条是要求值班的学校领导每天晚自习之后到办公室里"赶"老师们回家休息；另一条就是要求校医随时把生病老师的名单提供给学校领导，以便安排他们休息。因为，如果没有这样的"特殊职责"，老师们往往熬到深夜，甚至对自己的病情隐瞒不报。由于我们有了这些比一般的学校略多一点儿的制度，就比较好地保护了老师们的积极性。

生活当中有许多事情，我们总是喜欢差那么一点点儿。

因为工作原因，我比较注意公共场所的一些招贴。最近看到一组贴在洗手间里教导人们如何洗手、如何讲究卫生的招贴连环画很是耐人寻味。因为，按照洗手的一般常规，第一步用水把手弄湿之后，第二步应该是先关掉水龙头，然后再进行双手的搓洗。结果，我们的招贴画里却省掉了这一步，没有关掉水龙头的步骤。尽管我们的招贴画培养的是卫生意识，可是，不要忘了，差了这一点儿，就潜移默化地"化"掉了人们节约资源的意识。

说说不能"而已"

当我们已经十分清楚服务态度对企业兴衰的重要意义，但却只是对服务态度提出一些笼而统之的要求时，沃尔玛却早已提出了"三米微笑原则"。他们规定，好的服务态度，就是要在顾客距离自己三米远的时候，就必须保持微笑。可是，比沃尔玛有过之而无不及的是麦当劳，他们明确规定了微笑的标准为"露出八颗牙齿"。

想想我们的一些规矩吧。在一些单位或学校，规章制度之多有的已经汗牛充栋，有的可以车载斗量，可是，真正将制度落实到底的又有多少？

在我们的一些城市，到处都有不准这样不准那样的提示，可是，你若是真的这样、那样了，也没有什么人理你；我们树起了满大街的公告牌子，各种公约、规范在大街上随处可见，可是，连树牌子的人都弄不清为什么要树这些无聊的牌子。

著名管理咨询专家余世维先生曾经讲述他在德国的遭遇。有一次他到一位德国朋友家做客，主人问他喝什么，当得知他喝白水的时候，又问他喝多少，余先生心不在焉地要了一杯。结果，当他起身告辞时，却因为杯中的水没有喝完而被主人毫不客气地留下。主人很认真地说，如果喝不完一杯水的话，为什么你却一定要一杯，要知道，这是我们德国人最宝贵的资源。

余先生终于明白了，在德国人面前，说说而已，是"而已"不了的，必须做好了，才真的能够"而已"。

看到一份材料，是介绍美国的一家学校关于"利用黑板"的几项规定。这些看上去微不足道、常常被我们忽略了的东西，在校园里却常常有着意想不到的作用。文字不多，不妨抄录如下：

> 检查板书字体的大小，确定坐在最后一排的学生能看得清楚。
>
> 利用上半部分。只有确定后排的学生不会被前排同学挡住时，才使用黑板的下半部分。
>
> 列出上课计划。将要讨论的问题写在黑板上，这样，你对这些问题作出回答时，学生仍然能够看到问题。
>
> 在黑板上写字，背对着学生时就不要再讲课了。
>
> 尽量课前在黑板上写好板书内容，使学生对将要上的课的内容纲要有个大致了解。
>
> 将学生的话写在黑板上。
>
> 让学生有机会在黑板上写字。
>
> 慎用黑板擦。在擦去学生所说或所写的观点之前，再进一步强调这些观点的价值。

简明扼要，一共8条，条条叫我们当过教师的人不得不佩服其想得精明而周到。我们也有百年老校，也有开拓进取的学校领导，但对黑板的使用有谁如此认真地做过研究？大部分学校的评课标准里，对板书的要求不过就是认真、讲究艺术一类的模糊概念；对黑板使用的要求则更是不甚了然了。

曾经到一些学校考察工作，发现学校里到处写着一些耳熟能详的口号，如"一切为了学生，为了一切学生，为了学生一切"。当我们再深入与校长、与教师探讨其中的"一切"时，其中有许多人表现得茫茫然不知所措。写写而已，说说而已，何必如此较真呢？

曾听到一个真实的故事，1990 年代初期，台湾著名校长高震东来内地讲学，介绍了他在学校里进行的教师对学生的"点名达标活动"。他要求教师在新生入学一周后，认识全部学生。为此，学校每年要进行一次教师与学生的面对面考核。高震东校长认为，良好的教育效果，来自于良好的师生关系；正是师生之间大量的接触，才是教育效果的基本保障；点名达标活动，正是保证他们学校成功的关键。可是，同样的名点达标活动，在我们的一所学校里却遭到了许多教师的抵制，校长甚至被扣上了"生搬硬套"、"盲目模仿"的帽子。在他们看来，教师要尽快认识学生，确实不错，但学校只要号召一下也就可以了；至于什么时间真的能够完全认识，只能悉听尊便。如果真的认真起来，让教师与学生面对面考核，岂不是太伤师道尊严？

难怪我们不太害怕大会上领导们的口若悬河，不太计较领导们对我们的"严格要求"，原来，他们只是说说而已，起码，我们是视之为说说而已了。

改到深处是制度

在一个新课程评价项目研讨会上，老师们对考试的无奈引起了我的注意。应该说，我们的试题从内容到形式都已经没有太大的问题，比较贴近新的课程理念了。那么问题到底在哪里呢？

与老师们坐下来深谈，才明白个中的原委。原来，在一些学校里，每次考试的成绩都要汇总到年终对教师的综合考核里去。新的课程文化要求教师要面对学生的未来发展，每一个教学活动都需要从长计议，可学校评价教师的办法却使得教师不得不直面每一次考试。是以一次次的考试为目标，还是着眼于学生未来的发展，为学生的终身发展奠基，这给老师们带来极大的困扰。

其实，这里面不仅仅是一个如何评价教师的问题，更蕴涵着一个如何评价学生的问题，理念的转变绕不开固有的制度制约。课程改革到今天，制度的改革、制度的创新已经是迫在眉睫了。

我们的新课程实施已经快三年的时间了，新课程的三维目标，特别是把学习的过程还给学生，在许多研讨会上被炒得如火如荼。但是，在不少学校，我们经常可以发现这样一些规章制度：仪器室是不允许学生随便进入的，而实验前的仪器、药品的摆放则是实验员的职责。这样的制度规定怎么能够保证把学习的过程交还给学生？而没有属于自己的学习过程，又怎么能够获得属于自己的体验，怎么可能在体验中领悟？

毫无疑问，我们主张的是学生的自主发展，但我们评价班主任的工作，还是"三跟、四查、五到位"，让他们时时跟在学生的屁股后面，处处做着学生的保姆。只有这样的班主任才有可能得高分，才有可能被评选为优秀。这样的制度已经远远背离了教育的初衷。

我们担负着培养民主社会公民的责任，让孩子们在经历民主的过程中形成民主的意识是教育的责任。但是，我们的校规校纪，甚至班规班法，却是在学生全然不知的状态下，突然就拿到学生面前。其实，学校即是一个社会的缩影，学校规章制度的出台，是不是也应该搞一点校园听证制度，让任何长官意志都难以在校园里"抽枝吐绿"？

怎么办？怎么让制度服务于我们的改革，让制度成为学生健康成长的保障？

后来，我们开展了一个学校制度评估活动，进行学校管理制度大梳理，查一查影响学校教育生产力的生产关系到底有哪一些。

教学质量的评价标准算是老师们特别看重的一项。单纯以分数评价学生，同时也评价教师，教学的短期行为就在所难免。

什么是好的教师？什么是好的学生？这类问题在校园里格外引人注目，这个标准应该来自于哪里？这本身就是一个衡量我们教育观的重要课题。

部门职能的界定、出发点与落脚点都有可能引发我们的哲学思考。如果我们设立一些部门仅仅是为了学生以外的事情，这些部门存在的必要性就值得怀疑。

……

不曾想，制度梳理最终梳理到我们自己的头上，有好多制度的根子就在我们教育行政部门。

我们有规范化学校的评估方案，但这个方案的许多指标已经严重制约着我们学校的发展。不看环境、条件，不论城乡、规模，一个模子套下来，学校看上去是规范了，但教育资源的浪费却触目惊心。学校失去自主发展的权利，失去个性发展的空间，千人一面就难以避免。

我们有教学能手的评价标准和评选办法，但这些标准与办法都过于学科化，与新课程的要求相去甚远；我们有优质课的衡量办法，但这些办法的着眼点还是在课堂上或者在教师身上，对学生的关注则远远不够。

我们有考试制度，但我们的考试只是重视结果，对过程便没有了评价的方法；对学校的业绩当然也只是一种重结果而轻过程的管理文化。显然，这与我们新的课程理念相差太大。

改到深处是制度。说到这里，我们已经十分清楚，学校制度创新已经成为我们没法回避的一个现实问题了。

第八辑

做希望经销商

不要混到划船的队伍中去

1993 年，新学年开学不久，县教委到高密四中召开表彰大会，我和到会的几位领导正在办公室里商量着事情。这时，一位负责布置会场的老师跑到办公室，他手里抱着两个不知谁送来的大花瓶，看到我的第一句话就是："校长，这两个大花瓶该放到哪里？"我不假思索地回答了一句"谁安排你的就找谁去"。这位老师会心地笑着走开了。

坐在一起的几个人都以奇怪的目光看着我，我笑了——我知道大家目光中的含义。说实话，我不是不知道花瓶该放到哪里，而是我不能破坏规矩。我不能越级指挥，他也不可以越级请示。

每一所学校都像是一条在海上行进的大船，校长就相当于一个船长。所有的人都急于让船前进或者前进得更快，在这样的气氛里，校长本人最容易加入到划船的队伍中去。其实，校长不应该划船，他应该是舵手。

也许有人要说，你也太小题大做了，告诉一下花瓶放在哪里，还能给你的管理带来什么了不起的破坏吗？我承认，单纯就事论事，不会有什么大不了的。但问题就在于，由此可能引发一系列的问题。譬如，当真正的会场主管人要那个放花瓶的老师改动花瓶位置的时候，那位老师会不会说，这是校长的决定？再有，那位会场主管人在听到这样一个消息后，他会不会从此缩手缩脚，变得事事请示校长，使这个中间执行层的职能萎缩？这样的事多了，不仅放花瓶的，而且烧锅炉的，剪草坪的，全都有理由跑到校长那里请示一些看上去不好决定的事情。这样一来，校长最终就不再是校长了。因为他做的事情已经不是校长应该做的。

所以，我们的规矩很明确：对于员工来说，可以越级汇报，但不能越级请示；与之相应的是，领导者可以越级检查，但不能越级指挥。

校长似乎可以有理由"懒惰"一点了。

如果研究一下历史，我们会发现，很多政治上高明的领导者，都是有些"懒惰"的。从一般人的眼光来看，他们好像《呆伯特法则》里面的主管，明明什么都不会，偏偏官运特别亨通。领袖不一定是最聪明、能力最强的人，最重要的是，领袖要有宽广的心，能够大胆授权让别人去做，事情一样可以完成。

1910年，美国钢铁大王卡内基聘请了一位不懂财务、不懂钢铁制造、也不懂营销的人当总经理，年薪是50万美金。当时大家都很纳闷，那个人既然什么都不懂，卡内基为什么用那样的高薪聘请他来当总经理，他究竟有什么能耐呢？原来，这位总经理每天就只做一件事：他不断地请各部门的人员来开会，请他们就自己负责的工作提出看法。然后，在大家都热烈地发表意见之后，他就问一个问题："还有没有更好的方法？"可以想象，这句话问出之后，大家自然而然地就继续探讨更好的方法，因而产生了许许多多以前从来没有想到的创意，并发现事情果然是可以做得更好，办事情的效率也就自然提高了许多。

所以，我不断地向大家推销这些分权、分责的文化，把担子压到每一个人的肩膀上。那时候，学校领导层里时兴一句话："还有没有更好的办法？"于是，还真的就生出那么多好的主意来。

做希望经销商

　　拿破仑·波拿巴说，一个领导者就是一个希望经销商。这个希望，在一个团队中间，既包括团体的，更应该有个人的。这也正是麻省理工学院彼得·圣吉博士所说的共同愿景和个人愿景。

　　有一个取材于古罗马奴隶角斗士的电影，名叫《斯巴达克斯》。说英勇善战的斯巴达克斯在克拉斯将军的长期包围下，最终还是被征服了。在几千名被俘者面前，克拉斯说："你们曾经是奴隶，将来你们还是奴隶。但是罗马军队慈悲为怀，只要你们把斯巴达克斯交给我，就不会受到钉死在十字架上的刑罚。"在一段长时间的沉寂之后，斯巴达克斯站起来说："我是斯巴达克斯。"然后，紧靠他的人站起来："我才是斯巴达克斯。"下一个也站了起来："不！我才是真正的斯巴达克斯。"在仅仅 1 分钟的时间里，队伍里的每一个人都站了起来。是什么力量使他们站起来直面死亡的选择？恰恰就是"共同愿景"，就是斯巴达克斯所提出的、他们为之奋斗的目标：有朝一日可以摆脱奴隶的地位，获得自由。这个"愿景"是如此地深入众奴隶之心，以至于宁可牺牲宝贵的生命也没有人愿意放弃它。而那个克拉斯犯的一个致命的错误就是，他给奴隶们的最后开价不过还是奴隶而已。所以，在一个团队中，管理者的职责就是要及时给大家提出一个共同愿景，为大家带来希望之光。没有希望，就不会有动力。

因此，学校发展比较健康之后，我们开始思考，怎么为师生员工提供新的动力。于是，在1992年的教代会上，我们提出用3到5年的时间，把高密四中创办成齐鲁名校的办学目标。对办学思想、教育质量、队伍建设甚至于校园文化都作了一些具体的规划，提出了比较明确的奋斗目标，而且把这些目标具体分解到每一个岗位。抽象的目标变成了形象的愿景，经过教代会反复论证，写在了学校的规划里和教代会的报告中。在那一段时间里，几乎没有人叫苦喊累，每一年的教代会都开得有滋有味，大家都自觉地用那个美好的愿景去审视自己和周围人们的工作。他们都在不自觉地估算着自己所负责的工作与那个美好愿景的距离。

最让我感动的是一位女老师，她爱人是一位军人，随军的机会对她来说应该是十分宝贵的。可为了这个齐鲁名校的目标，她一次又一次地放弃了与爱人团聚的机会。后来，她告诉她的同伴说，因为她是一个学科的带头人。她很清楚，她一旦离开，这个学科距离齐鲁名校将会有一个很难在短时间内弥补的差距。她希望一直坚持到这一个学科成长起骨干教师来为止。当然，我们没有让她那样做，最终她还是在我们和部队首长的"命令"下，带着遗憾离开了学校。但是，她的心却没有离开学校。老师们会不时地收到她寄来的学习材料，学生们则经常地得到她来自千里之外的鼓励。有一年，她还从原来读书的大学里请来了免费讲学的学者、教授，并让我们这所地处农村的学校与大都市里的名校结为姊妹学校。

当然，好的"共同愿景"往往需要与具体的"个人愿景"结缘，才能爆发出巨大的动力。正如汉诺保险人欧白恩所观察到的："我的愿景对你并不重要，惟有你的愿景才能够激励自己。"因为，对共同愿景的真诚关注往往根植于个人愿景。这是一个简单的道理，却又是一个容易被人们忽略的常识。因此，如果你有意在一个团队中建立一个共同愿景，你首先就应该持续不断地鼓励你的部属发展自己的个人愿景。

正因为如此，我在学校里，每一个学年要老师们制订教学计划的同时，总是要他们拟一份个人学年发展目标。对那些制订得不够好、不够具体的教师，还要批评。发人深思的是，在这种情况下，你不管怎么批评他，他总是那么乐于接受。而且，这个目标每年还要搞一个自查、互查活动。如果你的结果和目标有比较大的距离，就必须和校长说清楚。说清楚的过程就是自省的过程，就是进一步明确个人愿景甚或共同愿景的过程。如果你翻开我前面提到的那个不肯随军的女老师的个人发展目标，就会发现，第一年的方案，她整整改了 3 个回合。我们不断地让她知道在她身上所蕴涵着的巨大能量，她应该发光发热。在我们和她共同发掘她自己的过程中，她不仅提升了自己的愿景，甚至改变了她原本有点自卑的性格。她为此而兴奋不已。

著名管理思想家玛丽·帕克·福莱说："最成功的领导者是能够看到尚未实现的前景的人。"你看到了，然后你再把它推销给你的部属，那么你就距离成功更近了一步。

难怪美国的经理人鲍伯·加尔文说："我认为领导者的最终工作就是传播希望。"

把保健因素转化为激励因素

刚当校长的时候，我在教师的"房子、妻子、孩子、票子、帽子"上大做文章，被媒体称为"五子登科"，此举确实对调动教职员工的积极性起到了很好的作用。在比较短的时间内，老师们的热情就起来了。

但是，很快我们发现，教师也有"三分钟热度"的问题。慢慢地，他们对一开始满腔热忱的东西变得冷漠了许多，甚至，有些人已经表现出了很多的不满。于是，在我们学校管理层出现了争议。有人甚至认为，教师是贪得无厌、永远不会满足的。

这时候，马斯洛的"需要层级理论"帮了我们的大忙，对我们统一思想起了至关重要的作用。它使我们明白了，人的活力是与需要连在一起的，一个人如果没有需要的提升，也就没有了工作的动力。正确认识被管理者的需要，不断调整管理的方法，努力创造条件以满足教师们新的需要，特别是精神上的需要，这是提升学校管理水平的重要标志。一位管理者如果不明白被管理者的需要，特别是精神上的高层次的需要，就很容易带来决策的盲目。

我们不再仅仅在提高教师的生活待遇上做文章，而是把物质的东西尽可能转化为精神上的满足，把保健因素转化为激励因素。

"功勋四中人"是我在高密四中开发的一个比较成功的项目。在这之前，我们对优秀教师实行补贴，每月几十元的补贴尽管不多，但在当时的农村中学也算难能可贵了。可是，随着时间的推移，没有什么"名堂"的几十元钱越来越变得无足轻重。从教师们的眼神里，我们已经感受到了其分量的不足。怎么办？增加更多的钱，对我们这样的学校来说实在是太难了。于是，我们便在教师们的精神需要上做起了文章。我们在没有增加多少补贴的基础上，新设立了一个"功勋四中人"的称号，把连续三年获得晋升校内一级职称的同志，命名为"功勋四中人"，专门发文件予以表彰，并隆重举行"功勋四中人"授勋仪式。县总工会、县教委的领导亲临授奖，连家属都参加这样一个仪式。在这样一个隆重而热烈的气氛中，有些教师激动得流下了热泪。在此基础上，我们又一年两次评选"我最爱戴的老师"，评选"既是严父，又是慈母"的优秀班主任和老师，把这些老师的照片登在光荣榜上，并通过媒体宣传提高他们的知名度，扩大他们的影响，让每一位获奖者获得巨大的成就感和自豪感。而对那些兢兢业业、默默无闻在平凡岗位上做出不平凡业绩的同志，学校也没有忘记，专门开辟"在四中的校史上也有您一份功劳"专栏，宣传他们，肯定他们在学校发展中不可替代的作用。

当人们生理的需要得到满足的时候，必然会产生更高的精神上的需要。一个管理者必须了解这一点，这是我们做好管理工作的前提。

把成功设计成一种危机

　　1996 年，是我到高密一中后的第一个高考丰收年。对一所高中学校来说，这不能不说是一件令人振奋的大事。在家长、社会的一片赞誉声中，老师们有点陶醉。但我很清楚，丰收的背后有着很大的危机。例如，艺术教学明显薄弱，理化学科成绩平平，文科学生上重点大学的比例偏低，等等。如果在这个时候指出我们的问题，果断地向成功开刀，既不会影响老师们的情绪，又可以给大家浇一点凉水，防止头脑发热。于是，我们在全校范围内及时地开展了"查查身边问题，找找自己弱点"的活动。事后，老师们说，不找不知道，一找吓一跳，我们的问题还真的不少。

　　活动给全校教职工带来的是冷静的态度和坚实的作风，老师们又以崭新的面貌去应对全新的挑战。

　　向成功开刀，把成功设计成一种危机，是给自己的一个善意的提醒，这个时候其实也是你最能够听得进反面意见的时候，不要错过时机。而当你真的失败了的时候，也许倒不宜轰轰烈烈地总结教训。古人说的"闭门思过"，指的大概就是这种时候。

　　向成功开刀，有时候可以帮你重新把握成功的内涵，加深对成功的理解。

　　我们有一所小学，搞了一个"快速作文"的实验，并被列为相当级别的实验课题。三年下来，实验的结果叫校长高兴，让家长放心，不仅学生的作文成绩直线攀升，而且在报刊发表的学生习作也随处可见，专家们的实验鉴定也给予了高度的评价。不管是谁去这所学校，校长都会带着客人去班上欣赏孩子们快速作文的"表演"。这样看起来，改革似乎是成功了。

后来的一件事却引发了我们对这项实验的反思。在一个教师培训班上，一位外校的教师要给培训班上一节示范课，上课使用的学生就是这所实验学校的学生。现场有一个当堂作文的内容，谁知不到一刻钟，全班同学无一例外地都完成了任务，有的学生甚至主动地做了声情并茂的"朗读表演"，着实给授课者脸上增光不少。示范课上得精彩、风光，台上、台下兴致盎然，示范课看来是成功了。可是，那位授课的老师事后却非常苦恼地告诉我，这样一堂看上去似乎是成功的示范课，却叫他忐忑不安。因为，他发现全班近60名学生中，有一半的学生作文内容是雷同的，其余的也大都是假话、套话、空话。表面上课堂教学的成功，隐藏着的是教育的失败。

我们终于发现，"快速作文"实验的"成功"，只是对某一种理论"注释"的"成功"，失去了对学生真情实感的尊重，更不顾说真话、抒真情的语文教学规律。而没有了学生的成功，任何热闹的实验都不会是真正的成功。

于是，我们从解剖这个"成功"的实验开始，逐一研究我们承接的若干个教科研课题，重新思考成功的真正含义，为成功重新定义，成功显得实在了许多。

本杰明有一句话："把现状设计成危机是一种策略。"向成功开刀，其实是一种创新性的思维方式，也是一种保证事业可持续发展的思路。

第九辑

共同走过

给我影响最大的几部书

1.《人性的弱点》

第一次看到这本书是在济南燕子山下的一个小书店里，当时我正在一个校长讲习班上学习。这本书是"五角丛书"中的一本，每本五角钱，到书店买到后，学习班刚好结束，所以这本书是在回家的火车上一口气读完的。

这是我看到的第一本实实在在有关人生导航的书。它告诉你，要赢得人，先理解人。成功对于每一个平常的人来说，都是可望又可及的，只要你付出该付出的。更现实的是，它教我学会自我调节和理解别人。

一个非常基本而许多人却做不到的思维方式——站在对方的角度考虑问题，是我从中收获的最重要的人生理念。我把这一理念用到学校教育和管理上，于是，就有了"调整教学关系——站在学生的角度思考"这一教改思路。

从 1988 年买第一本卡耐基的书开始，我已经把他的书能买到的都买了，而且还把《人性的弱点》送给了不少学生和朋友。一个学生读了我送的书后郑重地对我说，是卡耐基救了他。我说，有那么严重吗？他认真地点了点头。

除了《人性的弱点》，它的姊妹篇《人性的优点》也是不错的一本。

2.《给教师的一百条建议》

我一直认为，这是我看到的第一本真正的教育学著作。

大学毕业，当了一名高中语文教师，第一次出差，买到了这本装帧朴素的黄皮书。于是，如饥似渴地读下去，开始真正明白了一点点教育方面的事情。在这之前，我读了一些教育学方面的教科书，但对教育的感觉却一直如雾中看花。

苏霍姆林斯基给我影响最大的是学生观。在老师的心目中不应该有坏学生，只可能有心理不健康的学生，这给我非常大的启发。一个教师不仅应该热爱，更要学会热爱，要有爱的艺术，这是他在书中潜移默化给我的最重要的东西。

这本书之后，我又兴致盎然地找来了苏霍姆林斯基的其他著作，诸如《帕夫雷什中学》、《怎样培养真正的人》、《育人三部曲》。

3.《安娜·卡列尼娜》

这本书教给我的东西到底有多少，我到现在还没有完全搞明白。我与人们通常意义下得到的并不完全一样，有一点似乎对我影响特别大，那就是什么才叫幸福。这个话题老师们早就在课堂上灌输了不少，但我事实上并没有真正弄明白，或者说得刻薄一点，是一点也没有弄明白。看了《安娜·卡列尼娜》，似乎有点明白了。关键时候要勒紧感情的缰绳，不能让它纵横驰骋，这是安娜的教训吗？又不完全是，但旁观的人们似乎这么看，这也可以算是给我的第二点启发。

我特别喜欢书的前半部分，从矛盾的展开到情节的进一步发展，情感的必然和理性的力量，都使读者没有办法改变什么，只好提心吊胆地顺着老托尔斯泰的安排看下去。

4.《漱玉集》

在大学里，有好长一段时间，我是被"绿肥红瘦"俘虏了的。李清照一切景语皆情语，把感情倾注在细腻描写之中，她自己似乎不能自拔，也不让她的读者自拔。

国家不幸诗人幸，家庭不幸词人幸。李清照与其丈夫赵明诚分离时期的作品特别有味。可见，真，是文学的生命；从另一个意义上说，不真，就不要写出来。我从这里开始受到真正的影响。

5. 张洁、《爱，是不能忘记的》

从文学的角度说，这不是一部艺术性特别高的作品，但它却对我影响很大。我感觉这部书是用心写出来的，作者其实已经把自己融到了作品里，有时候你可以看到作者的泪眼，有时候则能听到欣慰的笑声。作者描写的爱情故事把爱强调到了一个传统作品里所没有的高度。作者反复强调，爱是不能忘记的！既撼人心魄，又发人深思。作者所批判的与所追求的都有明明白白的宣泄，给传统文化以冲击。

张洁很容易让读者从作品中读出她自己，或者换句话说，在作品中，她比主人公更愿意表现她自己，让人们更深刻地认识她自己。所以，对我产生影响的是《爱，是不能忘记的》，但同时我把作者张洁也列入其中。

6.《掌握人性的管理》

这是美国一家化妆品公司老板玛丽·凯写的一本有关企业管理的书。书中自始至终强调的是以人为本的管理思想。玛丽·凯特别注意人的不同层次的需要，从人本出发，她最终走到了管理的峰巅，成为美国优秀化妆品公司的老板。

玛丽·凯的一个管理细节给我很大的启发，她为公司里最优秀的营销人员专门到凯迪拉克订做了粉红色的轿车，而且将这一款式和颜色买断，使行驶在美利坚的粉红色的凯迪拉克成为玛丽·凯公司优秀员工的标志，让她的骨干享受到骄傲，体验到人生的价值。

有一句话似乎可以看作是这本书的灵魂："每个人都渴望自己成为重要人物，管理的成功就在于使每一个员工都感到自己的重要。"

7. 林清玄、张晓风、余光中、刘墉

这显然不是一部书，但我却把他们当成一部书看待。我把这几位台湾的作家排在一起，是因为在我的眼里，他们属于给我相同影响的一类。

第一次读林清玄散文的时候，还没有看到有关作者的介绍，因而，我把他当作女作家读了好长时间。细腻、真切的笔调，生动、感人的情愫，叫我毫不犹豫地把他和女作家连在了一起。而张晓风白描中的厚重，平淡中的哲理，常使我抛开暂时的尘世而遐思无限。接下来，一气读下去，便有了余光中和刘墉。每每读来，我几乎都在感叹：久违了！翻手为云、覆手是雨的驾驭语言的能力。

从几位台湾作家身上，我更加看清了几千年古典文学的力量。没有古文化的养育，就不可能有真正属于自己的风格，也不可能有真正的现代文化。任何对过去文化的全盘否定，都往往和浅薄、无知连在

一起。说起对我的影响，恐怕在语文教改的指导思想上要更大一些。我主张，在中小学的语文课堂上，古典文学的分量只能加大，不可减轻。这在当时是有争议的，幸好新课程标准发布，解围了。

8.《中国人的道德前景》

我在公开的文字中或私下的场合都曾不遗余力地向人们推荐这本到现在还没有真正引起人们重视的书。我把这本书放在这样一个题目下，其实有点牵强，因为准确地说，与其说是它对我产生影响，倒不如说是它说出了压在我心底的想法。

我们的时代已经把我们青少年的思想"平铺在地上"，变得越来越现实，越来越讲究实际，而我们的教育却依然在天上飘来飘去。青年人迫切需要的你不给他，你一定要给他的他却并不买账，这问题不就来了吗？这本书告诉你，如何把握人们的思想脉搏，讲一些既实实在在明明白白、又言之有理情有所依的道理，可能对拉近我们和青年人的距离非常有益。

时代在变，社会亦在变，而我们的道德前景却没有得到很好的调整，教育者的责任显得十分重大。

9.《木偶奇遇记》

第一次读这本书是在不应该读到这本书的特殊年月。那时我正在读初中。因为人所共知的原因当时并不怎么学习，大一点的同学忙着写大字报，我和另外几个同学却忙着读一些已经撕掉了封面的书。这本书就在其中。

这本书教给我的是什么？

第一次读的时候只是感到好玩。一个好玩的皮诺曹，每说一句谎话，鼻子就长出长长的一截；一旦逃学贪玩，就长出驴子的耳朵，变成世界上最蠢的动物，有意思。它用小伙伴们都同意的理论跟你说话，所以书是一口气读完的。后来回忆起来，觉得大概这就算是教育吧。

到上大学的时候，正赶上出版界拨乱反正，这本书刚好再版，拿一本随便翻翻，主人公的名字已被翻译为皮诺乔，正是初中读过的那本没封面的《木偶奇遇记》，这才弄明白这本书的名字。于是毫不犹豫花三毛二分钱买下了一本。这时候再来读，有点读不下去，总感到写得荒诞不经、滑稽可笑，怎么也找不到少年时的感觉。

后来教学了，我尽力让我的学生读一些他们这个年龄段应该读到的书，因为一旦错过了适当的年龄，有些书也许一生就不再读了——不是没机会读，而是没有了阅读的欲望。正如我们不少成年人看卡通片时的感觉。

再后来，我有了儿子，我开始研究不同年龄不同的阅读需求，果然受到很多的启发。

10.《奇袭白虎团》

我看到的《奇袭白虎团》是一本小画册。如果让我选"我最喜欢的书"，我肯定不会把它列入其中，但如果要谈对我读书生活的影响，就不能不提到这本书。

上小学的时候，我终于遇到了一位上过师范的老师，他因为意外事件而下放回老家，于是我们有幸做了他的学生。他第一次到我家家访，力劝我父亲给我买一些课外的书看。于是在一个雪后的冬日里，父亲用自行车驮我到了县城的书店，花一毛二分钱买了这本当时样板戏电影正大行其道的连环画故事。书在半道上就被我看完了。一到家，这件事立即就成了全村少年伙伴们都关注的重大新闻，我敢说全村的小伙伴们都看过这本书。

这本书使我第一次知道了，除了课本之外，还有更好的东西可以看，这才开始了我的课外阅读的生活，使我逐步走上了热爱学习的道路。

连环画本身并没有给我多少东西，但我永远也忘不了的是，它成为我真正的读书生活的开始。

擦亮第三只眼睛

2005 年，我的读书生活更多地是为了擦亮教育的第三只眼睛。因而，我的选择显得有些特别。我读得比较完整而又能够促使我行动的大都是一些企业管理方面的著作。

组织理论创始人彼得·圣吉曾因《第五项修炼》备受赞誉，而他的另一部优秀作品《经受考验》其实才是体现他核心思想的代表作。该书以"学习化组织"的理论为基础，揭示了长期以来西方高层经理人抱怨的"我们不能从自己身上学到东西"，也就是说创新的实践无法在他们自己的组织内普及的原因，这也正应了我们常常说的那句"墙里开花墙外香"的老话。

彼得认为，创新的实践不可能自发地普及，你必须要考虑将经验标准化。沃尔玛为什么会成为全球 500 强第一？麦当劳、肯德基为什么能遍布全球？原因就是把经验与流程标准化了。

于是，我们不再抱怨"墙里开花墙外香"，而是开始把那些富有推广价值的经验标准化。其中，既有躬行者的反思，也有专家学者的审视。只有大家都能按照设定的标准去做了，大批量生产才成为可能。慢慢走下来，墙里的花香竟也在墙里弥漫起来。

另一部著作是迈克尔·哈默的《新组织之魂》。迈克尔·哈默在书中的许多论述，今天正在我们的眼前变成现实。这位被公认为是

"企业再造之父"的世界著名企业管理思想家，他理想的企业组织应该从过去的企业是"头脑"而员工是"双手"的文化中脱胎换骨，大公司不再与小公司迥然不同，大公司里的每一个员工都应该像小公司的人那样去思考和行动。他认为，在小企业中，不需要有人指指点点。为顾客服务并为他们创造价值，意味着公司把每一个员工都看作是负责整项工作的专业人员，而不局限于工作职责的那一小部分工作。你应该知道该怎么做到最好，你有义务为顾客服务，而不是一味等待老板的批准许可。

统计数据告诉我们，小企业越来越多地成为市场的中坚，在香港的 29 万家注册公司中，雇员少于 100 人的占 99.3%，而美国是 98%；而且，在香港少于 10 人的公司已占 87%，而在美国则有 86% 的公司少于 20 人。中国的公司发展趋势也同样是这样的格局，这样的公司当然需要迈克尔论述的企业文化。

我不可能去创办这样的公司，但却从迈克尔的论述中受到启发。因为，这实际上是一位未来的老板向我们提供的一份用人清单中的质量标准。把这样一些标准反映在我们的职业教育中，就有了从培养目标到课程、教材、学制的改革。2005 年，在潍坊开始了新一轮的职业教育的静悄悄的革命。

喜欢彼得·德鲁克本来是因为他的《卓有成效的管理者》。2005 年，他的一本回忆录《旁观者》又走进了我的读书生活。

这是一本有些独特的回忆录，因为它记录的完全是其他人物的故事，而作者本人在书中却始终袖手旁观。不过读到最后，你终于会明白，作者始终在书里藏着一双冷峻而犀利的眼睛。他细致入微的体察，入木三分的解剖，无处不在的反思，都使他成为一名并非旁观的学习者，别人的间接经验与教训成为他获取巨大成功的翅膀。你不得不佩服他—— 一位既像狮子更像狐狸的智者。

作者曾经很诙谐也是很认真地说过，20世纪50年代，他曾经研究了大学中所开设的所有课程，发现其中只有两门对于培养管理者最有帮助：短篇小说写作和诗歌欣赏。诗歌欣赏可以帮助一个学生学会用感性的、富有想象力的方式去影响他人，而短篇小说的写作则培养人的那种对于人以及人际关系的细致入微的体察。事实上，作者正是在"旁观"中修习了这两门最有帮助的课程。

原来，与人交往也可以成为一个人成长的理性课程。过去很有些蒙眬的想法被德鲁克说清了。

很幸运，2005年，《哈佛商业评论》进入了我的视野，于是，市场精神、精益教育、菜单式自主培训自然地进入了潍坊教育的决策。还有，路长全的《软战争》告诉我们"不要用管理骆驼的方法来管理兔子"，哈罗德与海因茨的《管理学》使我坚定了进行以质量管理为导向的学校管理体制改革的构想，而余世维先生的《赢在执行》甚至成了我们再造机关文化的"圣经"。

跳出教育看教育，需要擦亮我们的第三只眼睛。

共同走过

一、寻找当教师的理由

第一次见到《人民教育》是在参加工作的第一站——高密四中。

1980 年 12 月，当我用自行车驮着铺盖卷来到潍河岸边的那所乡村中学的时候，我才意识到，今后的日子，看来就是像春蚕一样的生活，红烛一样的人生了。说实在话，在这之前，我确实没有认真想过自己的未来。尽管学的是师范，可从未想过要当一名教师，至于将来到底要干什么，自己真的是懵懵懂懂。

报到的时候，正是县里召开高考表彰会议的前夕，四中被指名在会上介绍经验。校领导见来了个中文系毕业的大学生，二话没说，就把写材料的任务压给了我。这下可难坏了我，不用说总结高考经验，就是让我谈谈教学常规也不见得在行，再加上人生地疏，对情况不熟悉，这经验可怎么总结！

老校长见我有些为难，就给我找来了一大堆材料，同时，顺手把办公桌上的一本刊物也交给了我，我一看，正是刚刚出版的《人民教育》第 12 期。

打开目录，一篇诗配画《红烛吟——献给人民教师的歌》最先映入我的眼帘。

诗写得有点慷慨激昂，很合乎一位 20 岁青年的胃口。我记得其中有几句话大概是这样写的：送走过几轮明月，迎来过几道朝霞？我沉思地望着您粉笔灰染白的头发。您教我们认识了书中的大千世界，江南塞北都飘着您的桃李芳华……

20 岁，是一个喜欢诗也极容易被诗感染的年龄，于是我开始模仿着这样的文字写一些激情澎湃的诗句。我记得，在那些日子里，每天晚上都要胡乱写上几句，并且还为之取了一个漂亮的名字，叫作《我唱我的歌》，整整一个系列，寄到了《人民教育》。尽管，我收到的不过是客气的退稿信，但这个写作的过程，正是一个寻找当教师的理由的过程。你要写一些文章去说服别人，写一些诗歌去感染别人，你首先要挖空心思地去搜集，去思考，时间长了，自然也就受到了教育。

慢慢地，我似乎把自己说服了，沉浸在校园里，倒也其乐陶陶起来。

二、看书读书是每个人一辈子的事情

见习了大概一个月的时间，1981 年 2 月，春节开学后，我被安排到 82 级教毕业班的语文课。

因为高考备考的原因，学校图书馆早就紧紧地关上了大门，没有阅读的校园生活显得格外枯燥。加之刚从大学的图书馆里走出来，对比之下，我有些按捺不住了。

恰在这个时候，我又读到了《人民教育》刊发的一篇教育杂谈《谈教学的着眼点——从叶圣陶同志的一封信谈起》，文中引了叶圣陶先生给作者信中的一段话："……我要告诉你，语文老师不是只给学生讲书的。语文老师是引导学生看书读书的。一篇文章，学生也能粗略地看懂，可是深奥些的地方，隐藏在字面背后的意义，他们就未必能够领会。老师必须在这些场合给学生指点一下，只要三言两语，不要啰啰唆唆，能使他们开窍就行。老师经常这样做，学生看书读书的能力自然会提高。教的虽是一篇一篇的课文，目的却在于使学生善于读其他的书。看书读书是每个人一辈子的事情。"我特别喜欢信中一句话，就是"看书读书是每个人一辈子的事情"，既然事关学生一辈子的事情，既然语文教师"是引导学生看书读书的"，我就完全有理由和学生一同读书。

正像后来一些学生回忆学校生活时写的那样，我当时住单身宿舍，床铺底下满满的都是书，为了使床底能放下更多的书，我只好用砖头垫高了床腿。一些被枯燥的学校生活所煎熬的同学便盯上了我的床底。于是，我开始把我喜欢学生也喜欢的书籍借给那些"盯我床底的同学"。同学们互相转告，很快，我的宿舍变得热闹起来……

我记得那个时小娅，很有些诗人气质，把我收藏的诗歌与散文集全都读了个遍。还有那个陈其，有事没事，就去找他那位与我同宿舍的班主任，一进宿舍，眼睛就瞄上了我那床底。他似乎很喜欢小说，但在那时读小说是大逆不道的，他点子倒是蛮多，说是替他的表哥借一下，看完马上送还。

非常不幸的是，连续两次，教导处的老师在自习课上抓到学生读的课外书，都写有我的名字，源头都在我这里。于是，校领导找我谈话了。他们明确地告诉我，这样下去，会影响全校的高考，学生忙着去读一些与高考没用的"闲书"，考不上大学谁负责？

我当然负不起这个责任，"地下图书馆"只好暂停"营业"。

这样一来，同学们不答应了，而且，我也开始感受到了阅读给学生带来的语文水平的提高。但是，人微言轻，我没有办法说服别人。

后来，我想了一个办法，把地下阅读转向公开，把阅读的剂量变得小一点，把阅读的内容编排得科学一些。这就是后来的"每天10分钟"课外阅读活动。

我和学生共同搜集可供阅读的材料，归类整理，加上阅读提示，打印后，每天定时发到学生手里。因为每份材料占用的阅读思考时间大约在10分钟左右，所以我们就将这一活动命名为"每天10分钟"课外阅读活动。

这项活动进行了好多年，给同学们留下了深刻的印象。

20年后，我的一些老学生们在回忆起他们的语文学习生涯时常说，老师，幸亏你告诉我们"看书读书是每个人一辈子的事情"。

我说，不是我说的，是《人民教育》告诉我的……

三、我的特级教师梦想

1985年9月，我被任命为学校的副教导主任，也恰好在这个月的《人民教育》封面上，刊登有特级教师斯霞的大照片。如果我没有记错的话，这是《人民教育》复刊以来第一次把一位教师的照片放大刊登在封面上。

那是一个名家辈出的时代，在以后的《人民教育》上，不断地出现着于漪、魏书生、钱梦龙……

虽然从我上小学开始，校园里就弥漫着批判成名成家的硝烟，但年轻人总是免不了想入非非。所以，当了几年老师，也走南逛北地观摩了一些名家的课堂，那个压在内心深处的特级教师梦想就常常冒了出来。

尽管校领导让我分管纷繁的学生工作，但我执意坚持继续担任两个班的语文课。因为《人民教育》的指引，我的特级教师梦想又被搅了起来。白天的时间除了上课之外，基本上全和学生工作缠在一起，备课的时间全靠晚上10点钟学生熄灯以后。

那是一段十分美好的时光。一天十几个小时的工作时间，眼里、心里全是学生，眼不斜视，心无旁骛，爱着学生，也做着特级教师梦。累，但轻松愉快；忙，却愉悦欢畅。

虽然，因为过早地走上了管理岗位，我最终没有机会成为一名特级教师，但我不能不感谢那段努力着的时光，那样一个追求的过程。它充实了我，刷新了我，也荡涤了我。这一切，我都不能不感谢《人民教育》。

四、从热情走向成熟

1990 年 9 月，我还没过 31 岁生日，却过早地担负起高密四中校长兼书记的担子。尽管我有意不刮胡子，努力装出老成持重的样子，但说话办事却处处显出稚嫩。

因为一直在四中工作，也因为学校的大部分骨干教师都是我的朋友，一开始的管理工作显得得心应手。

我们在领导班子中统一思想，以"三心"换"一心"："耐心"倾听老师们的呼声，"热心"为大家排忧解难，"诚心"为群众办好事实事，最后换取大家的"信心"。

第一个项目是改造了近 30 户职工住房，原来只有校长才有的小厨房，给每家每户全盖了起来。大家一下子提起了精神：原来，我们也可以享受到校长的待遇。紧接着，我们又为家庭比较困难而且没工作的家属在学校内部安排了工作；为 12 对两地分居的教师联系调动，使他们家庭团圆；穿针引线使 8 对青年喜结伉俪并为他们举行了隆重的集体婚礼；为教职工子女办起了幼儿园，设立了奖学金；冬天为老师们买上半吨烤火煤，并给家在农村的职工送到家门口，使他们享受到镇干部一样的待遇；在财政异常紧张的情况下，把班主任补贴增加了一倍……

校园里一下子热闹起来，春天似乎恋恋不舍地穿行在人们中间，一张张笑脸充满着自豪和信心。

到 11 月的时候，我们又召开了已经好长时间没换届的教职工代表大会，成立了"参政议政委员会"，并且确定，学校的重大决策必须经过这个委员会的认可！会上，我报告中的一句话很自然地成了好多人、好多场合的口头禅："学校是我们大家的学校。"校园里似乎洋溢着一片激动：我们不说谁说，大家不干谁干，把学校快快搞上去，快！快！快！

我每一天都在老师们中间忙碌，每一天都被老师们包围着，我似乎又找到了刚刚做老师时的感觉。

半年过去了，校园里的情绪似乎变得更加理性。人们开始从热情洋溢中走了出来，许多时候明显地变得有些计较起来，大的事情攀比，小的事情也嘀咕。

我陷入了茫然之中，越来越怀疑自己的管理天赋，甚至管理的热情也开始消退。

这时候，《人民教育》又一次帮了我的大忙。江苏省教委副主任吴椿的《谈中小学内部管理体制改革》，北京四中、北京八中的"四制"（校长负责制、教师聘任制、结构工资制和岗位目标责任制）改革经验，在《人民教育》上相继发表。"靠机制创造公平"，"绝对的公平是没有的，但领导者的行为必须公平"，"管理就是组织才华和挖掘才华"，北京八中校长陶祖伟通过《人民教育》向我们传递的这些在当时听起来令人耳目一新的理念，叫我受益匪浅。我如饥似渴地学习着，小心审慎地实践着，与我的同事们一起，也搞起了一个学校内部体制改革的框架并付诸实践，竟然取得了很好的效果。

高密四中的管理，开始走出人治的圈子，从热情走向成熟。

五、《跨世纪教育工程》

1995 年，《人民教育》一篇报道上海建平中学的《跨世纪教育工程》震撼了我。当时，我已在高密一中担任校长。

"合格＋特长"就是建平人，在当时那样的气候下，敢于喊出这样一个口号实属不易；而《人民教育》勇于推出这样一个典型，就显得更加难能可贵了。

我不仅把这篇报道印发全校，作为我们老师的培训教材，而且带着我的同事们来到了上海浦东，找到了冯恩洪校长。我想了解一些操作层面的东西。

"以学生为中心"思考问题，给学生以选择的机会，而且靠这些也完全可以把学校管理得规范有序，这是我从建平中学得到的最大收获。而且高密四中的管理经历已经使我更乐于接受这些。回到学校，就有了我们的"学生十大自我锻造工程"和"学生在我心中"的三期工程，以及后来的学校课程开发，学生自修制度、班级辅导员制度的建立，从中都能看到《跨世纪教育工程》的影响。

那个时候，因为《人民教育》的原因，我们又迎来了一个名校辈出的时代：每隔几期，就会推出一所新的名校。我开始不断地跑收发室，有时甚至于埋怨邮局的投递效率，因为，我总是期盼着《人民教育》给我带来新的东西。

我没有记错的话，成都七中、深圳实验中学都是在那个时候通过《人民教育》被推向全国，也影响了全国的。

六、对学生的一生负责

没想到的是，终于有一天，我所在的学校也引起了《人民教育》的关注。

1998年秋天，《人民教育》编辑部总编辑傅国亮先生带着梁伟国以及《山东教育》编辑部的鞠庆友、毕唐书、李振村来到了高密，他们希望挖掘一些包括高密一中在内的学校改革与管理的经验。

采访的过程其实也是对我们进行教育的过程。考察、访问、座谈，他们最终把报道高密教育的主题锁定为"对学生的一生负责"。在我看来，这样一个命题，与其说是对高密教育的总结，倒不如说是对我们的鼓励和鞭策，客观上，也为我们进一步探索指明了方向。我记得关于高密教育的那篇《对学生的一生负责》的报道，结尾是这样说的："路漫漫其修远兮！前方还有更美好的风景在召唤。我们衷心祝愿高密教育的拓荒者们'上下求索'，达到风光无限的胜境！"

高密的教育当然没有停止探索，《人民教育》更是没有忘记对高密教育的关注。从此，一旦有了一些对教育的新感悟与新思考，我常常喜欢投寄到《人民教育》。于是，就有了《让语文素养融进血液》《发生在课堂里的理念碰撞》和《新课程背景下的学校管理随想》等文章，尽管其中许多想法还有些稚拙，但却得到了各位编辑老师们特别的呵护。

七、推动教育均衡发展

2002年，傅国亮总编辑又一次来到我的新工作单位——山东省潍坊市教育局，他们对潍坊市推进教育的均衡发展很感兴趣。在他们看来，教育的公平是社会公平的起点，而均衡发展则是确保教育公平的前提。

2002年3月，《人民教育》以"为了每一个孩子的幸福成长"为题报道了潍坊市寿光"让小草和鲜花都享有阳光"，推行基础教育均衡发展的做法，引起了各界的广泛关注。时任教育部副部长的王湛为此专门作了批示，教育部以"促进基础均衡发展"为题举办了"第三届基础教育论坛"。从此，教育的均衡发展进入了全国各级教育行政部门的视野和决策，并成为教育工作的重点。

后来我才明白，《人民教育》以她职业的良心，始终关注着教育的健康发展。她对一个时期以来，一些地方盲目攀比、大造教育形象工程的做法十分忧虑，特别是对一些地方漠视农村教育、忽视弱势群体子女教育的做法很有看法。她希望借此报道，引发人们的思考，让教育良性发展。事实上，这个报道之后，包括寿光在内，我们许多县区都在不断强化教育的均衡发展，有的还在机制建设方面有了新的探索。这一切，我们都不能不感谢《人民教育》。

说实话，我越来越喜欢《人民教育》了，她源源不断地给我智慧，给我灵感，也给我鼓励。一个拼命赶路的人不需要鲜花，但需要鼓励。谢谢您，《人民教育》！

后 记

当把自己零星发表的随笔收录在一起的时候，我忽然发现了其中一些过去不曾留意的东西。

首先，许多时候自己似乎喜欢从企业管理的角度去审视教育，这可能既与自己曾经在企业待过的经历有关，更因为自己长期以来的阅读爱好。松下幸之助的睿智，士光敏夫的果敢，玛丽·凯的人本，路长全的精到，都深深地感动着我，也影响着我。很自然地，这些感动和影响也不自觉地带到了随笔中来。

细心的读者还会发现，文章常常拿境外的学校说事，而且大都冒着崇洋媚外的风险一味地夸奖境外的同行。其实，境外学校考察多了，你会发现他们的教育同样存在着这样那样的问题。只是，我们考察的目的往往是为了洋为中用，所以，考察归来，更多地留在大脑里的常常是值得"拿来"的东西，虽不能说"师夷之长以制夷"，但多说一点别人的长处，以引起我们的奋起，总不是什么坏事情。

还有一个我一时还改不了的毛病，就是文章总是喜欢说些我在学校里经历的故事，似乎对当教师、当校长的经历难以忘怀，陈芝麻烂谷子地说了许多，我不知道这会不会引起朋友们的厌倦。原谅我，因为我始终认为，那是我人生中最充实又最有意义的一段时光,特别是当我离开学校以后,这种对比就越加强化了这种情感。所以,直到今天,我仍然向往学校生活,我甚至仍然希望做一名校长,尽管校长现今仍然是一个并不十分轻松的职业。

无论如何,把零散的文章结集出版总是一件令人愉快的事情,还是以此作为对自己多年管理生活的奖赏吧!

图书在版编目(CIP)数据

学生第二/李希贵著.—上海:华东师范大学出版社,
2013.6

(大夏书系·十年经典)

ISBN 978-7-5675-0818-7

Ⅰ.①学... Ⅱ.①李... Ⅲ.①教育工作—中国—
现代—文集 Ⅳ.①G52-53

中国版本图书馆 CIP 数据核字(2013)第 131274 号

大夏书系·十年经典

学生第二

著　　者	李希贵
策划编辑	吴法源
审读编辑	周　莉
特约编辑	李振村
封面设计	奇文云海
责任印制	殷艳红

出版发行 华东师范大学出版社
社　　址 上海市中山北路 3663 号　邮编 200062
网　　址 www.ecnupress.com.cn
电　　话 021 - 60821666　行政传真　021 - 62572105
客服电话 021 - 62865537
邮购电话 021 - 62869887　　　地址　上海市中山北路 3663 号华东师范大学校内先锋路口
网　　店 http://hdsdcbs.tmall.com/

印 刷 者 北京密兴印刷有限公司
开　　本 710×980　16 开
插　　页 2
印　　张 12.5
字　　数 140 千字
版　　次 2013 年 8 月第一版
印　　次 2015 年 11 月第二次
书　　号 ISBN 978-7-5675-0818-7/G·6558
定　　价 35.00 元

出 版 人 朱杰人

(如发现本版图书有印订质量问题,请寄回本社市场部调换或电话 021-62865537 联系)